कलाम सर
के
सक्सेस-पाठ

श्रद्धांजलि

मुसकान को मकसद बनाना है,
अपने ही नहीं, इसे दूसरों के चेहरे पर भी लाना है।
जो जिये, जीवन भर इसी मकसद से,
आज उनके लिए हमें, आँसुओं में भी मुसकराना है।

देश को 'विकसित देश', बनाना वो चाहते थे,
शक्तिपुंज हैं हम, दिखाना वो चाहते थे।
चाहतों को हम अपनी, गंभीरता से लें,
हर पल हमें, सिखाना वो चाहते थे।

असफलता की कहानियाँ, सुनने को कहते थे,
सफलता की कहानी, बन जाओ, वो कहते थे।
अपनी ऐसी कहानी, वो पीछे छोड़ गए हैं,
कि, रास्तों को हमारे लिए भी, सही दिशा में मोड़ गए हैं।

समृद्ध नागरिक ही, समृद्ध राष्ट्र बना सकता है,
इसके लिए कुछ भी, कर गुजर जाने को वो कहते थे।
पैसे के पीछे, भागने को तो नहीं पर,
सफलता को आखिरी पल तक, चाहने को कहते थे।

उनकी प्रार्थना को, राष्ट्रीय प्रार्थना बनाना है,
उसे उनकी अंतिम इच्छा मानकर, पूरा कर जाना है।
सपने देखना सिखाकर, सपना बनकर चले गए हैं,
इस दिव्य से सपने को, विरासत में छोड़ गए हैं।
उनके इस दिव्य से सपने को, विरासत समझ निभाना है।

कलाम सर के सक्सेस-पाठ

सुरेखा भार्गव

प्रभात प्रकाशन, दिल्ली
ISO 9001:2015 प्रकाशक

प्रकाशक • **प्रभात प्रकाशन**
4/19 आसफ अली रोड,
नई दिल्ली–110002
सर्वाधिकार • सुरक्षित
संस्करण • 2020
मूल्य • चार सौ रुपए
मुद्रक • आर–टेक ऑफसेट प्रिंटर्स, दिल्ली

KALAM SIR KE SUCCESS-PATH
Poems by Smt. Surekha Bhargava ₹ 400.00
Published by Prabhat Prakashan, 4/19 Asaf Ali Road, New Delhi-2
e-mail: prabhatbooks@gmail.com ISBN 978-93-5186-582-7

यह पुस्तक, मैं अपनी माँ और पापा को समर्पित करना चाहती हूँ, जिन्होंने मुझमें पुस्तकें पढ़ने की आदत डाली और महापुरुषों को जानने-समझने के लिए प्रेरित किया, अन्यथा हमारे साहित्य में जो ज्ञान का खजाना छुपा है, वह मैं कभी नहीं जान पाती और कलाम सर के सक्सेस-पाठ कभी नहीं सीख पाती। कलाम सर की एक-एक युक्ति 'गागर में सागर' जैसी है, जिसमें उनके ज्ञान व असीम अनुभव के साथ-साथ उनका जो प्यार और विश्वास हमारे लिए है, वह भी हर शब्द में झलकता है। ऐसा लगता है, वे शब्द मुसकराकर कह रहे हैं–

'हाँ, तुम कर सकते हो, तुम भी कर सकते हो।'

“सफलता हमारा अधिकार और दायित्व दोनों है”

मैं शोक नहीं मनाना चाहती कि हमें सपने देनेवाले और उन सपनों को हम पूरा कर सकते हैं, ऐसा विश्वास देनेवाले, हमारे प्रिय मिसाइल मैन, स्माइल मैन, स्पेस मैन, होवर क्राफ्ट मैन, फैलोस फैलो, संत, मैनेजमेंट गुरु, महान् दार्शनिक, सच्चे देशभक्त, सफल वैज्ञानिक, भावुक कवि, महानतम शिक्षक, देश के पूर्व राष्ट्रपति और इस सृष्टि की एक अनुपम कृति श्री अब्दुल कलामजी अब हमारे बीच नहीं हैं। पहले वह एक दिल हम अरबों लोगों के लिए धड़कता था, जब से उस दिल ने धड़कना बंद किया है, वह हम करोड़ों लोंगो के दिलों में धड़कने लगा है। वे जाते-जाते भी जीत गए हैं और देश को विकसित देश बनाने का अपना अधूरा सपना सारे देश को विरासत में सौंप गए हैं।

प्रेरणा-पुंज, कलाम सर हमेशा यही कहते थे कि कोई भी देश तरक्की तब करता है, जब उस देश के नागरिक तरक्की करते हैं और नागरिक तरक्की तब करते हैं, जब वह खुद पर काम करते हैं। दुनिया की सबसे बड़ी वर्कशॉप वे इस मानव-मन को मानते आए और जहाँ भी गए, जिनसे भी मिले, “खुद को बनाने के” गुर सिखाते रहे। यहाँ तक कि वे तो अग्नि को भी एक वस्तु मात्र की तरह नहीं लेने को कहते थे। उनका मानना था कि इस विज्ञान के पीछे जो विज्ञान है, वह ही सबसे ज्यादा महत्त्वपूर्ण है। जब वे अग्नि (मिसाइल) की बात करते थे, तो ऐसा महसूस होता था कि अंदर एक आग सी सुलगने लगी है। उनकी हर बात, हमारी अंदरूनी ताकतों का हमसे परिचय कराती थी। उनकी हर बात में निहित था—

प्रज्वलित मन, सबसे बड़ा संसाधन
मैं ही सबसे बड़ी प्रयोगशाला हूँ
मुझसे ही सब शुरू है
मैं ही हर चीज का अंत हूँ

करना है, तो मुझे ही करना है
और करे बिना, नहीं मरना है
जो मैं खुद के काम आऊँगा
तभी पसंद का जहान बना पाऊँगा
हर साँस एक इनाम है
न्याय करें इसके साथ,
वह ही सबसे बड़ा ईमान है।

ऐसे ही छोटे-छोटे करोड़ों गुर वे सिखा गए हैं। उनकी एक-एक सूक्ति (Quote) लाखों लोगों को जिंदगी में कुछ कर गुजरने का हौसला देती है, कुछ बन जाने को कहती है।

इस पुस्तक में उनकी शिक्षाओं व उनकी प्रार्थनाओं को शब्दों में पिरोने की कोशिश की गई है। एक ऐसी माला बनाई गई है, जिसके मनके आपके मन को अंदर से छूने की कोशिश करेंगे। और अगर आप इजाजत देंगे, तो ये आपके मन-मस्तिष्क में ऐसा मंथन शुरू करेंगे, जिसके अंत में आप अपनी पसंद की सफलता का माखन चख ही लेंगे।

कलाम सर ने व्यक्तिगत सफलता को देश के सम्मान और शान के साथ जोड़ा। इस सफलता को पाने के लिए हमारा नजरिया हमारे प्रति, हमारे कार्य के प्रति और अपने साथियों के प्रति कैसा होना चाहिए, उनके इन सब पाठों पर एक-एक ग्रंथ लिखा जा सकता है। सफलता पर जब हमारा ध्यान हो तो हमें कैसा बनना है, कैसे अपने मूल्यों से कोई समझौता नहीं करना है और कैसे कठिन परिस्थितियों एवं परिश्रम के बीच भी खुद को कोमल बनाए रखना है, यही वे हमेशा सिखाते थे। ये कविताएँ संक्षेप में उनके नजरिए को पेश करने की छोटी सी कोशिश भर है।

वे मानते थे कि सफलता हमारा जन्मसिद्ध अधिकार है और यह हमारा मृत्यु पूर्व दायित्व भी है। आइए, इसी अग्नि को हम भी अपने-अपने दिलों में प्रज्वलित करें और अपने आपसे वादा करें कि इन पाठों को सीखकर, सिखाकर और सफलता का जिम्मा उठाकर हम भी अपने जीवन को सार्थक करेंगे तथा देश को एक विकसित देश बनाने में योगदान देंगे। अगर नौकरी

कर रहे हैं तो इस सोच के साथ करेंगे कि हमारी संस्था (Company) सफलता के नए-नए आयाम चढ़ती जाए और उसमें हमारा योगदान अतुलनीय हो; यदि व्यापार करें तो ऐसे करें कि ज्यादा-से-ज्यादा लोगों को सफलता पाने में मदद करें और देश के आर्थिक विकास में अपना अनुपम योगदान दें; यदि विद्यार्थी हैं तो अपनी सोच विस्तृत करें और मेहनत से तरक्की के नए-नए तरीकों को ईजाद करने का बीड़ा उठाएँ। जब सारा देश सृजनात्मक हो जाएगा तो नकारात्मक ताकतें अपने आप अपना अर्थ खोने लगेंगी और तब बनेगा यह देश कलाम सर की पसंद का और हमारे जीने लायक।

कलाम सर के ये पाठ हर उस व्यक्ति के लिए हैं, जो सपने देखता है, उन सपनों के लिए कुछ करना चाहता है, कठिनाइयों से ऊपर उठना चाहता है, कुछ बनना चाहता है और कुछ कर गुजरना चाहता है। सपने, मेहनत, लगन, निष्ठा—इन शब्दों को हम सब जानते हैं, पर जब ये किसी ऐसे व्यक्ति से सुनते, समझते हैं, जिन्होंने इन्हें अपनाकर महान् जीवन जिया है, तो वे प्रेरणा का महान् स्रोत बन जाते हैं। अंदर से हमें ताकत देते हैं, बताते हैं कि हम सही रास्ते पर जा रहे हैं और जब भी सफलता की राह पर कोई बाधा आती है तो ये ही पाठ हमारा मार्गदर्शन करते हैं तथा सही उपाय सुझा देते हैं।

मैंने भी कलाम सर के इन पाठों को अपनाया है, आत्मसात् किया है और दिन-रात जिया है। यही कारण है कि आज मैंने एक मध्यम वर्गीय परिवार से होने के बावजूद जहाँ मेरे पापा श्री प्रकाश चंद्र भार्गव एक सरकारी डेरी में काम करते थे, मेरी माँ श्रीमती उमा भार्गव साइकिल पर शिक्षण का काम करने जाती थीं और हम तीनों बहनें पेड़ के नीचे अपनी कक्षाओं में अध्ययन किया करती थीं, ने इन्हीं पाठों को अपनाकर एक ऐसा जाग्रत् मन तैयार किया है, जिसके साथ कायनात की सारी ताकतें लग जाती हैं, हर बड़े-से-बड़े सपने को पूर्ण करने के लिए। व्यक्तिगत सफलता के नित नए आयाम मैं चढ़ती जा रही हूँ और इन्हीं पाठों को सिखाकर अपने जैसे लाखों लोगों को स्वप्न देखने व उन्हें पूरा करने के लिए प्रेरित कर पाई हूँ। कलाम सर की हर युक्ति को पढ़कर जो ताकत हम सब महसूस करते हैं, उसे मैं इन

कविताओं के माध्यम से दोहराना चाहती हूँ।

कलाम सर के देश को विकसित देश बनाने के सपने को जीना एक सौभाग्य है। देश की अगली पीढ़ी को समृद्ध, सुरक्षित भारत देकर जाने की उनकी इच्छा अत्यंत प्रबल थी और इसे वे आर्थिक समृद्धि से जोड़ते थे। वे सारे देश से अपनी ताकतों को समझने, हिम्मत करने, कुछ नया करने तथा उद्यमी बनने का आह्वान करते रहे। इस देश में जहाँ सिर्फ डॉक्टर, इंजीनियर बनने का, बैंक क्लर्क बनने का सपना पलता है, उसे वे नए-नए सपने देखने को कहते रहे। कलाम सर नौकरी को भी नौकरी की तरह सिर्फ मालिक को खुश करने के लिए करने के लिए नहीं कहते थे। उनका मानना था, वह व्यक्तिगत विकास का एक मौका है, जो हमें पूरी निष्ठा के साथ निभाना चाहिए।

वास्तव में वे जीवनपर्यंत देश की सोच पर काम करते रहे। इस देश में जहाँ शिक्षा को सिर्फ नौकरी से जोड़ा जाता है, उसे सफलता, व्यापार और व्यक्तिगत आत्मविश्वास बढ़ाकर देश के सम्मान को बढ़ाने के काम में लाने को कहते रहे। हमारे यहाँ जब कोई एम.बी.ए. (मास्टर ऑफ बिजनेस एडमिनिस्ट्रेशन) करने भी जाता है तो उसका ध्येय होता है एक अच्छी नौकरी। हमारे देशवासियों का आत्मविश्वास इतना कम है कि व्यापार की इतनी पढ़ाई करने के बाद भी हम किसी और के व्यापार में, किसी और के सपनों को पूरा करने में मदद करने का सपना भर देख सकते हैं। इसी आत्मविश्वास को बढ़ाने के लिए वे हिम्मत, निश्चय, दृढता के पाठ पढ़ाकर हमें सपनों पर अपना ध्यान केंद्रित करने के लिए कहते रहे। साथ ही बताते थे कि सारी सृष्टि हमारे साथ है और हमें सिर्फ लगन से जुटने की जरूरत है। उन्हें पता था कि देश की ताकत हमसे है और अगर हम शक्तिशाली हो गए, प्रभावशाली हो गए तो संसाधनों की देश में कमी नहीं है, देश तरक्की करेगा ही।

वे जानते थे कि अगर अंदर से देश की सोच बदल गई तो देश का सपना बदल जाएगा, और सपने के साथ थोड़ा आत्मविश्वास व मेहनत मिलाई गई तो तरक्की का, आशाओं का माहौल बनेगा और तब ही हम व्यवस्था को बदलने की माँग करने के हकदार होंगे। उदाहरण के लिए, आप देखिए, कितने सारे संस्थान हैं, जो नौकरी के साक्षात्कार की तैयारी कराते हैं, पर कितने हैं,

जो किसी व्यापार को शुरू करने के लिए सलाहकार की तरह काम करते हैं या आप बैंक को अपने व्यापार के विचार की जो प्रोजेक्ट रिपोर्ट देना चाहते हैं, उसे बनाने में आपकी मदद कर सकते हैं। यदि आज कोई पिता अपने बेटे को कहे कि वे उसे पाँच लाख रुपए दे रहे हैं, जिनसे वह व्यापार में लाभ या घाटा खाकर दिखाए तो ज्यादातर युवाओं को यह नहीं पता होगा कि वे शुरू कहाँ से करे। हम असफलता से इतना डरते हैं कि बस दूसरों के सपनों पर काम करके अनुभव लेने को सबसे सुरक्षित मानते हैं। यहाँ तक कि अगर कोई कम पूँजी का व्यापार करने का मौका भी मिलता है तो हमारे डर और हमारी अधीरता हमें पर्याप्त प्रयास करने नहीं देती।

पर आज हमारे देश का सपना बदल रहा है, जब हम उद्यमी बनेंगे, हमारे में सपना और विश्वास होगा तो दुनिया के हाथ भी मदद के लिए बढ़ ही जाएँगे, तरक्की के नए-नए रास्ते खुल ही जाएँगे। इसकी शुरुआत हमारे अंदर से ही होगी। हमने अपने मन को उपजाऊ कर लिया तो बीज, पौधा व फल सब आ जाएँगे। इससे बड़ा हम अपने लिए और अपने देश के लिए कुछ नहीं कर सकते हैं।

ये कविताएँ उसी मन को उठाने का प्रयास है, जो सक्षम है, और 'जो' सिर्फ 'जो' कलाम सर के, भारत को विकसित देश बनाने के स्वप्न को पूरा कर सकता है। ये कविताएँ आह्वान हैं कि आइए, कलाम सर के इस सपने को हम सब व्यक्तिगत रूप से लें और न केवल अपनी सफलता के लिए सतत प्रयास करें बल्कि यदि अपने आस-पास किसी को कोई भी सपना बुनते देखें और उसके लिए कुछ करते देखें तो उसको प्रोत्साहित करें, उसका साथ दें। कुछ ऐसा करें कि हर दिल में तिरंगा लहराने की बात, कलाम सर जिस शान से किया करते थे, उसका मान रह जाए।

जब कोई सपना बुनते देखो, थोड़ा सा साहस दो
सपनों से ही देश बनेगा, देश का थोड़ा साथ दो
देश कुछ करना चाहता है, उसे करने दो,
देश कुछ बनना चाहता है, उसे बनने दो,
अकेला न यह बढ़ सकेगा, साथ हो, यह अहसास दो

भागने ये अपने आप लगेगा, तुम अपने कदमों की छाप दो
असफलता से उसे डराओ नहीं, कंधे पर उसके हाथ दो
कोशिश पर उसकी मुसकराओ नहीं, पीठ पर थोड़ी थाप दो
साथ चलने की ठानकर, नजरें इसकी उतारकर
यह देश निकल पड़ा है विकसित बनने, तुम भी अपना योगदान दो।

आइए, हम उस महान् आत्मा के छोड़े गए पदचिह्नों पर चलते हैं और उनके पाठों की मदद से चाहते हैं, बनते हैं, करते हैं, पाते हैं, बाँटते हैं और जीवन सफल बना लेते हैं। चाहने से पाने तक के इस सफर में जो आनंद है, जो रस है, उसको महसूस करते हैं, मुसकराते हैं और इस जहान को और खूबसूरत बनाते हैं। यही हमारी असली श्रद्धांजलि होगी उस महान् पुरुष के लिए, जो अंतिम समय तक जीने और जाने से पहले कुछ बन जाने के पाठ हमें पढ़ाता रहा।

केसरिया कतरे ने बुलाया है
साहस लेकर तुम आना
हरे रंग से सपने पनपाकर
समृद्ध देश को तुम बनाना
श्वेत साँसें भी पुकार रही हैं
शांति-सत्य को तुम अपनाना
चक्र बता रहा है, जीवन गतिशील है
मरते दम तक चलते जाना
तिरंगा अपना इतराता रहे बस
देश के इतना काम तू आना।

उन्होंने सफलता को कोई मंजिल नहीं माना है, यह तो वह रास्ता है, जिस पर हर पल आनंद-ही-आनंद है। तो आइए, चलते हैं खुद को पहचानने की उस राह पर, जहाँ हर पल आप खुद को पाते हैं, निखारते हैं और फिर यह दुनिया आपको निहारती रह जाए, ऐसा बन जाते हैं।

सफल भवो!

—सुरेखा भार्गव

प्रस्तावना

डॉ. कलाम और मैं

अब्दुल कलामजी का सान्निध्य मेरा सौभाग्य रहा और उनसे आकस्मिक बिछड़ना अत्यंत कष्टदायक। आज भी विश्वास नहीं हो रहा है कि वे हमारे बीच नहीं हैं। ऐसा लगता है बस अभी कहीं कुछ नया पढ़ेंगे और मुझे बुलाकर कहेंगे कि जरा इंटरनेट से इस बारे में सारी जानकारी निकालकर लाओ या कहेंगे, फनी गॉय (funny guy), हाँ, वे इसी नाम से मुझे बुलाते थे। चलो, लिटिल फेलो (little fellow) खाते हैं। उन्हें पकौड़े बहुत पसंद थे और वे पकौड़ों को इसी नाम से बुलाते थे। उनके साथ रहने में, जिंदगी में जो ताजगी थी, वे यादें कभी पुरानी नहीं होंगी।

और आज ऐसा ही अहसास सुरेखा भार्गव की इन कविताओं को पढ़कर हुआ है, वही ताजी हवा के झोंके जैसी सादगी और वही गहरी सी सोच। वही सपनों की ताकत और वही अपने पर विश्वास, वही आगे बढ़ते जाना, पर वही देश को खुद से ज्यादा चाहना। कलाम सर की एक-एक युक्ति अपने आप में एक ग्रंथ है, पर उनका इतना खूबसूरत वर्णन यादों को अंदर तक झकझोर गया है। हाँ, वे यही कहते थे, वे बिल्कुल ऐसा ही कहते थे, वे इस बात पर कितने खुश होते थे और उस बात पर कैसे शांत हो जाते थे, ये सबकुछ चलचित्र की तरह आँखों के आगे आ रहा है।

जो मासूमियत मैंने कलाम सर के जीवन में और विचारों में पाई है, वह मासूमियत इस पुस्तक की हर एक कविता में उभरकर आई है। जैसे वे सबको साथी मानते थे, सब उनके बडी ((buddy) थे, इन कविताओं में भी देखने को मिलता है कि कैसे गम को, खुशी को, कठिनाइयों को और यहाँ तक कि

हताशाओं को अपना साथी बनाकर बहुत कुछ पाया जा सकता है और हर वक्त कलाम सर की तरह मुसकराया जा सकता है।

हममें से ज्यादातर लोगों ने डॉ. कलाम की प्रेरक सूक्तियाँ (quotes) पढ़ी या सुनी हैं, पर उनकी बातों की गहराई तक पहुँचने का सौभाग्य सबको नहीं मिला है। ये कविताएँ हमारे प्रेरणा-पुंज कलाम सर की प्रेरणा को आकाशगंगा जैसा विस्तार देती दिखती हैं। वे खुद तो कहीं उन तारों में जाकर मिल गए हैं और हमें उनकी दी गई प्रेरणा को ही विराट् बनाकर अपने-अपने दिल पर हावी हो जाने की प्रेरणा दे गए हैं।

वे जब भी बात करते थे, सफलता की तैयारी (preparation for success) पर बड़ा जोर देते थे और मुझे बड़ी खुशी है कि उनकी सफलता की तैयारी के सभी पहलुओं को इस किताब में अत्यंत विस्तार से छुआ गया है। जब-जब इन कविताओं को पढ़ रहा हूँ तो हर बार कोई नई बात निकलकर आ रही है। यह किताब एक बार पढ़कर अलमारी में रख देने वाली किताब नहीं है। यह किताब कलामजी के जीवन-निर्देश हैं, जो रोज-रोज जिए जाने चाहिए। मन उदास है तो 'गम की दवा' पढ़ लो, मन खुश है तो 'मेहनत का कश' लगा लो। कहीं कोई शक है तो 'राज का राज' अपना लो, दोस्त कोई नाराज है तो 'दोस्ती' सीख डालो। जिंदगी के हर पहलू को छूती यह किताब आपको अपने मन की धुरी से लेकर प्रकृति के प्रेम तक ले जाएगी। नैतिकता का हर वह पाठ जो हमने कहीं न कहीं सुना या पढ़ा है, को भी इसमें खूबसूरती से दोहराया गया है।

स्वप्न युग, कर्म युग, धैर्य युग, जीवन युग तथा प्राप्ति युग, इन पाँचों युगों में जैसे कलाम सर के जीवन को ही दिखाया गया है। एक फॉर्मूला सा सफलता का निकलकर आया है। खास बात यह भी है कि लेखिका सुरेखा भार्गव भी इन्हीं पाठों को अपनाकर अपनी व अपने कई साथियों की जिंदगी को सफल और सार्थक बना पाई हैं और खुद इस बात की मिसाल हैं कि ये पाठ सीखने-सिखाने लायक हैं। आप भी सफलता के इन पाँच युगों में से, जिस भी युग से गुजर रहे हैं, यह पाठ उस युग को आपके लिए आनंदमयी कर देंगे और आपके लिए अगले युग में जाना आसान हो जाएगा।

पर जैसा कि कलामजी कहा करते थे—

शब्द 'पानी' तो प्यास बुझा नहीं सकता,
महज कोई फॉर्मूला तो जहाज तैरा नहीं सकता,
और केवल वर्षा का उल्लेख तो भिगो नहीं सकता।

हमें भी यह समझना चाहिए कि इन पाठों को लगातार दोहराकर, अपनाकर और रोजमर्रा की जिंदगी में इन सिद्धांतों को ढालकर ही कुछ भी किया जा सकता है, कुछ भी बना जा सकता है तथा कुछ भी पाया जा सकता है।

किसी एक किताब में कलामजी की सफलता से संबंधित 90 सूक्तियों का हिंदी व अंग्रेजी दोनों में होना ही अपने आप में एक बहुत बड़ी बात है, और साथ में जब इन 90 सूक्तियों को विस्तार देती ये कविताएँ आप पढ़ेंगे तो एक सफलता की संपूर्ण मार्गदर्शिका (complete success guide) की तरह इसे पाएँगे। कलामजी एक अत्यंत ही भावुक कवि हैं और अपनी कविताओं के जरिए वे जर्रे-जर्रे से बात करते थे। उन्हीं की बातों को इन कविताओं के जरिए बताने का यह प्रयास अत्यंत ही सराहनीय है।

कलामजी के सपनों का भारत तो तब ही बनेगा, जब हम इन पाठों को सीखेंगे, आजमाएँगे, अपनाएँगे और सिखाएँगे।

जो ये सफलता के पाठ हैं, अगर हमारे देश की युवा पीढ़ी को पढ़ाए जाने लगें तो सफलता, जो आज एक कठिन कार्य की तरह जानी जाती है, आसान लगने लगेगी। देश के जिन बच्चों को कलामजी प्यार करते थे, उन्हें जितनी छोटी उम्र में ये पाठ पढ़ाए जाएँ, उतना ही इस कच्ची मिट्टी को आसानी से सफलता के लिए अंदर से तैयार किया जा सकता है। ये पाठ हमारे देश का आत्मविश्वास बढ़ाने के काम आ सकते हैं।

मेरी प्रार्थना है कि जैसे कलाम सर की सूक्ति (quote) 'सपने वे नहीं होते जो नींद में आते हैं, सपने वे होते हैं जो नींद आने ही नहीं देते' ने करोड़ों को ख्वाब देखना सिखाया है, वैसे ही ये अन्य सूक्तियाँ और ये कविताएँ हम सबको सपने पूरे करना भी सिखा जाएँ और जैसा कि कलाम सर चाहते थे, हम इस देश को दुनिया की सबसे अच्छी रहने लायक जगह बना पाएँ।

मैं लेखिका को बधाई देना चाहता हूँ। नारी सशक्तीकरण की हम बातें तो

करते ही हैं, पर सफलता के इतने ठोस पाठों का एक नारी द्वारा अपनाया जाना और फिर जिंदगी की हर कड़वाहट के बावजूद इतनी मिठास बनाए रखना प्रशंसा के काबिल है। मैं अपने अनुभव से कह सकता हूँ कि अगर कलामजी इन कविताओं को जान पाते तो हर कविता पर मंद-मंद मुसकराते और अपना आशीर्वाद देते।

—सृजनपाल सिंह

आभार

सबसे पहले मैं ईश्वर का आभार प्रकट करना चाहती हूँ, जिन्होंने मुझे मानव योनि में जन्म दिया।

मैं अपने माँ-पापा को शब्दों में धन्यवाद कह ही नहीं सकती, जिन्होंने मुझे सपनों से परिचित कराया और मैं उनका नाम रोशन कर सकती हूँ, यह विश्वास दिया।

मैं अपने सभी शिक्षकों को धन्यवाद देना चाहती हूँ, जिनके कारण मैं इस योग्य बन सकी।

मैं अपनी सासू माँ व ससुरजी का भी धन्यवाद करना चाहूँगी, जिन्होंने मुझे सफलता के महत्त्व को समझाया।

मैं श्री के.के. मोदीजी व समीर मोदीजी की तहे दिल से शुक्रगुजार हूँ, जिन्होंने मुझे सपनों की उड़ान भरने में मदद की और उन्हें पूरा करने का आधार दिया।

मैं अपने, हर साथी का शुक्रिया अदा करना चाहूँगी, जिन्होंने मुझे ऐसा बनने में मदद की, जो मैं आज हूँ।

विशेष धन्यवाद सुरेश मोहन सेमवालजी, तृप्त दत्ता व आदर्श शर्माजी का, जिन्होंने मेरी कविताओं को पढ़कर मुझे और लिखने के लिए प्रेरित किया।

अपने पति अरुणजी का शुक्रिया मैं करना नहीं चाहती, क्योंकि उनकी तो मैं परछाईं हूँ।

अपने बेटे निशांत को बताना चाहती हूँ कि वह मुझसे जो भी आशाएँ रखता है, वे ही मेरी सबसे बड़ी ताकत हैं।

अनुक्रम

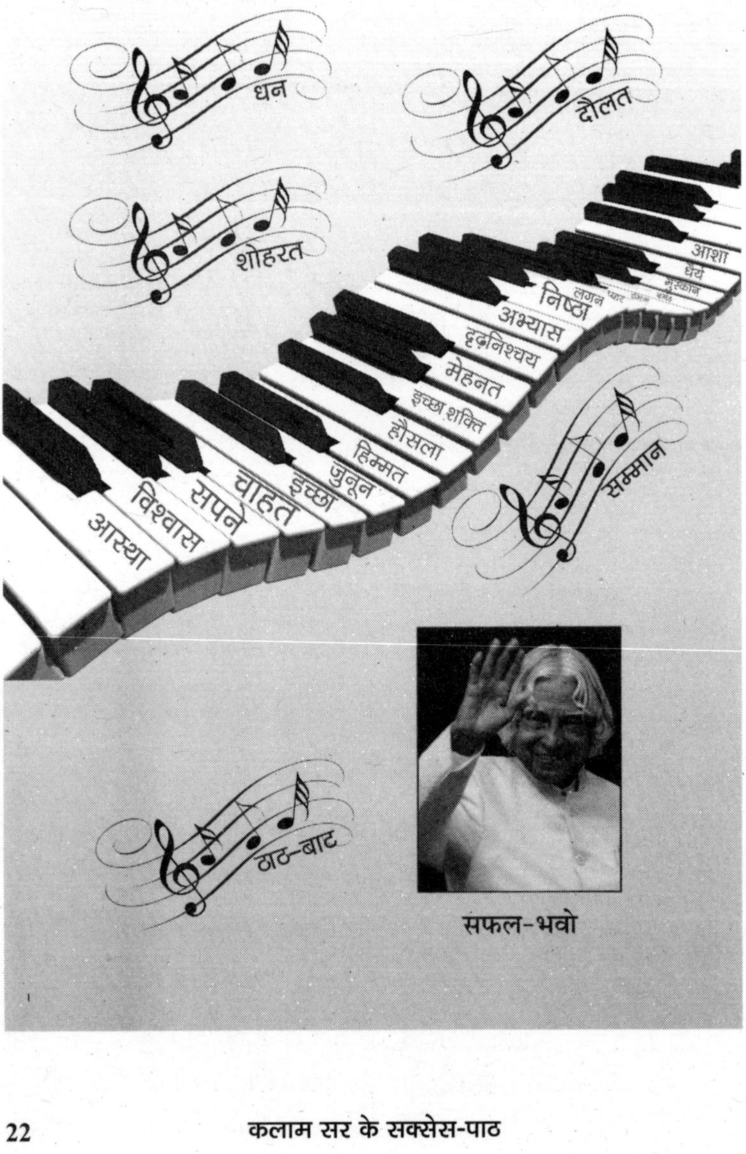
धन
दौलत
शोहरत
आस्था
विश्वास
सपने
चाहत
इच्छा
जुनून
हिम्मत
हौसला
इच्छा शक्ति
मेहनत
दृढ़निश्चय
अभ्यास
निष्ठा
लगन
प्यार
धैर्य
आशा
सम्मान
ठाठ-बाट

सफल-भवो

सीखो सीखना-सिखाना

सीख लो, सिखा लो, 'कलाम सर के सक्सेस-पाठ',
पा लो खुशियाँ, दौलत, शोहरत और ठाट-बाट।

ये वे मूल मंत्र हैं, जिन्हें रोज जपना है,
इस ठंडी सी आग में, हमें रोज तपना है।
जादू की छड़ी तो, कलामजी दे नहीं सकते,
पर उनका ज्ञान भी तो, काम का अपना है।

ये वे राज हैं, जिन्हें हर कोई ज़ानता है,
बचपन से सुने हैं, और अंतर्मन मानता है।
इन्हीं बातों को, बार-बार दोहराना है,
बन न जाए जीने का अंदाज, तब तक पढ़ते जाना है।

एक-एक कविता में, एक किताब नजर आएगी,
किसी एक पंक्ति से, जिंदगी तर जाएगी।
लय मस्तिष्क पर, एक अलग असर लाएगी,
मस्तिष्क के नए-नए हिस्से जाग्रत् कराएगी।

दिल के कुछ तारों को, ये छेड़ जाएँगे,
उदास मन को, थोड़ा सहलाएँगे।
तेरे तकिए पर, सर तो तेरा ही होगा,
पर जागने पर क्या करना है, यह दिशा-निर्देश दे जाएँगे।

सीख लो, सिखा लो, 'कलाम सर के सक्सेस-पाठ',
पा लो खुशियाँ, दौलत, शोहरत और ठाट-बाट।

स्वप्न युग

*“स्वप्न देखो, स्वप्न देखो, स्वप्न देखो–
स्वप्न विचारों में बदलते हैं। विचार तुम्हें सच्ची
मेहनत की ओर ले जाते हैं। मेहनत से कार्य
संभव होते हैं और तुम सफल हो जाते हो।”*

“Dream, dream, dream. Your dream will transform into thoughts. Thoughts lead to honest work. Work will result in action, and you will succeed.”

स्वप्न युग

"खुद को खुद से बड़ा सपने बनाते हैं,
ये ही सपने जीने का मकसद दे जाते हैं।
सपनों को जो हम खुद पर छा जाने देंगे,
जिंदगी में ये ही हमें आगे जाने देंगे॥"

*“सपने वे नहीं, जो हम नींद में देखते हैं,
सपने वे हैं, जो हमें सोने नहीं देते हैं।”*

“Dreams are not what you see in sleep,
is the thing which doesn’t let you sleep.”

खुद से आगे

सपनों से भरी इन आँखों में,
नींद का कोई नाम नहीं है।
जब फैसला हो ही गया है, कुछ पाने का,
तो समझौतों का यहाँ, कोई काम नहीं है।

सपनों से वादा निभाना, आसान तो नहीं है,
अपनों सा इन्हें चाहना, आसान तो नहीं है।
पर जब ठान ही लिया है, इन्हें पाने का,
तो बहानों का यहाँ, कोई काम नहीं है।

सपनों से भरी इन आँखों में, नींद का कोई नाम नहीं है।

सपने जो डरा दें, वे ही अच्छे हैं,
जिंदगी को जिंदगी से बड़ा बना दें, वे ही अच्छे हैं।
जब अंदर तक सिहर जाओगे, अंदर से ताकत पाओगे,
और फिर डरे बिना जीत का, आनंद भी तो नहीं है।

सपनों से भरी इन आँखों में, नींद का कोई नाम नहीं है।

जब सपनों की गलियों से, गुजरते हैं,
तो साँस लेना भूल जाते हैं।
जब इनके लिए कुछ करते हैं,
तो खुद से आगे गुजर जाते हैं।
मान लिया है इन राहों के सिवा, जन्नत कहीं और नहीं है।

सपनों से भरी इन आँखों में,
नींद का कोई नाम नहीं है।
जब फैसला हो ही गया है, कुछ पाने का,
तो समझौतों का यहाँ कोई काम नहीं है।

□

"जब हमारे हस्ताक्षर ऑटोग्राफ बन जाएँगे, उसे सफलता कहेंगे।"

"When our signature changes to AUTOGRAPH, this marks the success."

सफलता परवान चढ़ जाने दो

सफलता को अपनी, परवान चढ़ जाने दो!

अपने हस्ताक्षर, ऑटोग्राफ बन जाने दो
आज जाओ, किसी गुरु से लेकर आओ,
कल लोगों को तुमसे लेने के लिए, पंक्ति में आने दो।

सफलता को अपनी, परवान चढ़ जाने दो···

पहिए दो हों या चार, दूरियाँ ही तय कराते हैं
पर पापा को उनकी पसंद की कार पर,
उनके बच्चे का नाम, लिखा हुआ पाने दो।

सफलता को अपनी, परवान चढ़ जाने दो···

माँ—जिसने सुबह शाम डाँटा था
आज जब वो पीठ थपथपाए तुम्हारी,
उसे शान से खुद की भी पीठ, थोड़ी सी थपथपाने दो।

सफलता को अपनी, परवान चढ़ जाने दो···

छोटा हो या बड़ा, घर तो प्यार से बनता है
पर गृहलक्ष्मी को उसके, पसंद के मकान में,
कलश ले जाकर, हलवा तो बनाने दो।

सफलता को अपनी, परवान चढ़ जाने दो···

उसने जब होंठ दिए हैं, तो मुसकराहट भी देगा
पर किसी के तो चेहरे पर मीठी सी,
मुसकराहट, अपनी वजह से भी आने दो।

सफलता को अपनी, परवान चढ़ जाने दो···

विकासशील देश में तुम रहते हो
थोड़ा सा तुम भी, जिम्मा उठाकर
अपने बच्चों के देश को तो विकसित कहलाने दो।

सफलता को अपनी, परवान चढ़ जाने दो···

□

“सफलता सपनों के लिए प्रयास करनेवालों के पीछे चलती है। भले ही बाधाएँ आएँ या थोड़ी टल जाएँ, पर सफलता जरूर मिलती है।”

“Success always follow dreams attempted though there may be some setbacks and delays.”

किस्मत का खेल

किस्मत जब बँट रही थी, तो कहाँ खड़े थे,
ये सुनते-सुनते ही हम हुए बड़े थे।
कुछ इससे पार पा गए, जग पर छा गए,
कुछ आज भी वहीं खड़े हैं, जहाँ तब खड़े थे।

वह जो चाय बनाता था,
कुरसी और माइक लगाता था।
उसकी ऊँची सोच को, समझी जो अवाम,
देश बनाने का कर रहा है वह काम।

कोई जब पेट्रोल भरता था,
उसकी खुशबू में सपने बुनता था।
करोड़ों परिवारों को साथ ले, वह चला गया,
दुनिया का दूसरा रईस परिवार वह बन गया।

वह जो बस कंडक्टर कहलाता था,
गोरा नहीं, वह काला था।
आज देखो तुम उसके अंदाज,
करोड़ों के दिलों पर है उसका राज।

वह जो चोट बड़ी लगा गया था,
घाटा बड़ा सा खा गया था।
माँ की चाहत से सिनेमा में आया है,
'रोशनी जो कभी खत्म न हो' बन पाया है।

जिसने शैतानियों को, खेल की तरफ मोड़ा था,
खेल के प्यार में जिसने, स्कूल व घर तक छोड़ा था।
रिकॉर्ड को खुद के जिसने, बस खुद ही तोड़ा था,
सबने पुकारा था नाम उसका, काम उसने जब छोड़ा था।

यथार्थ थोड़ा अहम है, पर सपना न कोई वहम है,
अखबार बेचनेवाला, वह काम कर गया है।
कि उसके जाने से, सिर्फ आँखें ही नम नहीं हैं,
देश का हर अखबार, उसके नाम से भर गया है।

किस्मत कुछ लोगों की जायदाद नहीं है,
बनी यह उसकी नहीं, जिसने बनाई नहीं है।
जिस किसी की मति में यह बात आ आएगी,
किस्मत उसकी बस फिर जाग जाएगी।

□

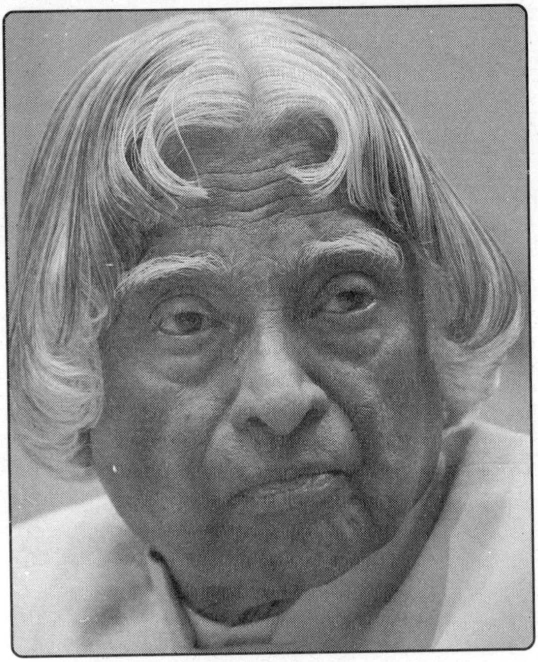

“आकाश की ओर देखिए, हम अकेले नहीं हैं, समूचा ब्रह्मांड हमारे अनुकूल है। जो सपने देखते हैं और मेहनत करते हैं, उन्हें प्रतिफल देने की साजिश करता है।”

“Look at the sky. We are not alone. The whole universe is friendly to us and conspires only to give the best to those who dream and work.”

राज का राज

बाहर बिछाई जानेवाली, यह न कोई बिसात है,
सफलता, सिर्फ अंदर की बात है।

हाथी-घोड़े-वजीर, नहीं दिलाएँगे जीत,
एक कदम आगे, दो कदम पीछे में वक्त जाएगा बीत।
जिंदगी कभी सीधी, तो कभी टेढ़ी ही चाल है,
पर जीत लिया खुद को, तो तेरे साथ कायनात है।

सफलता, सिर्फ अंदर की बात है···

जो तुम सोचोगे, वो तुम सींचोगे,
जो तुम सींचोगे, वो तुम खींचोगे।
बिखरा है, ब्रह्मांड में सबकुछ,
क्या पाओगे, ये बस तुम्हारे हाथ है।

सफलता, सिर्फ अंदर की बात है···

बिना किसी शर्त के, सकारात्मक रहना है,
जो तुमने पाना है, बस वो ही कहना है।
यह जग जो बोले, वह जग वह बोले,
तुम खुद से जो कहते हो, वो ही सबसे बड़ी बात है।

सफलता, सिर्फ अंदर की बात है···

जो भी तुमने चाहा है, वो ही तुमने रचा है,
अपनी जिन माँगों पर, वजन तुमने रखा है।
उस वजन के वजन की, सारी करामात है,
वही तुम्हारी उपलब्धि, वही शह और मात है।

बाहर बिछाई जानेवाली, यह न कोई बिसात है,
सफलता, सिर्फ अंदर की बात है।

□

“यदि सूरज की तरह चमकना चाहते हो,
तो पहले सूरज की तरह जलने को
तैयार हो जाओ।”

“If you want to shine
like a sun, first burn like a sun.”

न करो समझौते

जब-जब बाधाओं ने, हमारा रास्ता रोका है
हमने खुद से कहा,
सपनों को थोड़ा, और बड़ा करने का
यही तो एक, मौका है।

न मानो तो बूँद, और
मानो, तो समुद्र हैं, ये सपने,
आस्था की, जोत जला लो तो
अपनों से भी, अपने हैं ये सपने।

ये बाधाएँ स्थायी नहीं
बस हवा का एक झोंका है;
क्या कभी सुना है किसी ने कि
चट्टानों ने पानी के बहाव को रोका है?

सपनों की आग को इतना बड़ा करो
कि, पत्थर भी पिघल जाए,
मेहनत का बहाव, इतना तेज हो
कि, किस्मत भी सुधर जाए।

ना करो समझौते
ना कठिनाइयों से, भागो तुम
सो जाओ, चिर निद्रा में,
बस उससे पहले, जागो तुम
उससे पहले, जागो तुम।

□

“सफलता को साँस की तरह चाहो।”

“Breath success.”

नशा

सफलता से बड़ा कोई नशा नहीं है,
बदनसीब हैं, जिन्होंने पाठ यह पढ़ा नहीं है।

सफलता हमारा जन्म सिद्ध अधिकार है,
न इसके लिए जिए, तो जीवन भी भार है।
कुछ तो करने की ठाननी ही होगी,
मानव योनि में जन्म यों ही तो मिला नहीं है।

सफलता से बड़ा कोई नशा नहीं है!

कुछ तो करना ही होगा, इसे पाने के लिए,
बीड़ा तो उठाना ही होगा, उठ जाने के लिए।
जाम यह उसका ही नहीं है बस,
हाथ जिसका कभी आगे बढ़ा नहीं है।

सफलता से बड़ा कोई नशा नहीं है।

कुछ कर जाने की धुन लगाकर तो देखो,
सफलता की धूनी थोड़ी रमाकर तो देखो।
सपने और साहस की थोड़ी सी जरूरत है बस,
काम यह कोई खासा बड़ा नहीं है।

सफलता से बड़ा कोई नशा नहीं है।

□

“ यदि जिंदगी का कोई मकसद है तो बाधाओं और अड़चनों के बावजूद उस मकसद का तेज व हमारी लगन काम आएगी और कुछ भी हो जाए, हमें सफलता की ओर ले जाएगी। ”

“If there is a solemn aim in one’ life, irrespective of the hindrances and obstructions, the glow of the goal and our perseverance will nurture our goals, all through the surrounding difficulties, leading to success.”

जिंदगी अनमोल

ऐ जिंदगी, आ तुझे प्यार से निहार लूँ,
जो भी दिया है तूने, आ तुझ पे ही वार लूँ।

ये साँसों की सरगम,
और दिल का ये राग।
न जानी चाहिए, अनसुनी,
ऐसे ही, बिना चमकाए मेरा भाग।

यह आँखों की रोशनी,
और मस्तक का यह तेज।
इनमें ही न सजे सपने तो,
क्या करूँगी, कुछ और सहेज।

ये खून का खौलना,
होंठों का यों बोलना।
बनाना तो होगा, अपनी,
मुसकराहट का, कुछ मोल ना।

कर्ज है तेरा, मुझ पर,
जो अब मैं उतारूँगी।
जीते यह दुनिया सारी,
पर मैं खुद से न हारूँगी।

जिंदगी, जब तू है,
तो खोजूँगी मैं कुछ अर्थ।
कुछ तो ऐसा करके रहूँगी,
न चली जाए यह व्यर्थ।

ऐ जिंदगी, आ तुझे प्यार से निहार लूँ,
जो भी दिया है तूने, आ तुझ पे ही वार लूँ।

□

“ महान् कार्य महान् सोच की उपज हैं। ”

“Great missions are born out of great mind.”

सोच के सोच

सोच के सोच, ए राही मेरे,
ये ही बनाती है, सब काम तेरे।

पहले तू सोच बनाएगा,
फिर सोच तुझे बनाएगी।
जो न बनाई, पसंद की सोच,
तो जिंदगी पसंद की, कहाँ से आएगी?

जो तू छोटा सोचेगा,
छोटा ही बन पाएगा।
बीज धतूरे का बीजेगा,
तो अंगूर कहाँ से पाएगा?

साफ सोच, सही चीज पर,
ध्यान केंद्रित कराती है।
आगे भ्रम के बादल हों तो,
मंजिल भी डगमगाती है।

लक्ष्य बड़ा हो सामने तो,
बाधाएँ नहीं दिख पाती हैं।
वही सोच जो, छोटी रहे तो,
इधर-उधर भटकाती हैं।

बड़ा सोच, बड़ा बोल,
छोटे-छोटे कदम बढ़ाता जा।
सोच तेरे काम आएगी,
तू सोच के काम आता जा।

सोच के सोच, ए राही मेरे,
ये ही बनाती है, सब काम तेरे।

□

"सितारों तक न पहुँच पाने में कोई अपमान नहीं है। अपमान तो किसी सितारे को अपनी पहुँच में नहीं देख पाने में है।"

"It's not a disgrace, not to reach the stars, but it is a disgrace, to have no stars to reach."

कमी जरूरी है

छलाँग भरने के लिए, जैसे जमीं जरूरी है,
बेहतर बनने के लिए, अहसास-ए-कमी जरूरी है।

जब कोई कमी सताती है,
अंदर से काट जाती है।
उससे लहू जो बहता है,
कुछ करो, वो कहता है।

छलाँग भरने के लिए, जैसे जमीं जरूरी है...

इस आवाज को अनसुना, हमें नहीं करना है,
इस आहट की गूँज से, हमें नहीं मुकरना है।
जिन कमियों को सहना नहीं चाहते हम,
फिर उन्हीं कमियों से क्या डरना है।

छलाँग भरने के लिए, जैसे जमीं जरूरी है...

कमियों पर नहीं हमें, शरमसार होना है,
हम भी तो उसका बनाया इक खिलौना हैं।
कमियों को जो, कम करने की ठान ली तो,
जीवन हमेशा ही एक बेहतर बिछौना है।

छलाँग भरने के लिए, जैसे जमीं जरूरी है...

दूसरों को चुनौती दें, तो कभी हार सकते हैं,
खुद को यह देने लगें, तो हर पल जीत ही जीत है।
जिंदगी की छाछ में गोल-गोल, जो तैरते जाएँगे,
मक्खन जो निकलेगा, को ही छलाँग का आधार पाएँगे।

छलाँग भरने के लिए, जैसे जमीं जरूरी है,
बेहतर बनने के लिए, अहसास-ए-कमी जरूरी है।

☐

"अच्छा काम करने के लिए
हर समय अच्छा होता है।"

"The time is always right, to do what is right."

अभी करो

छोटी सी तमन्ना है कि
तमन्नाओं का इकरार करूँ,
जो भी मुश्किल आए, मेरे मालिक
इन पे ही वार दूँ, इनसे ही प्यार करूँ।

बचपन से सीखा है, जितनी चादर हो
उतने ही पैर फैलाने हैं,
आज सीखना चाहता हूँ
इस चादर के सिरे कैसे फैलाने हैं।

देखते-देखते कई पीढ़ियाँ गुजर गई हैं
चाहतों से, समझौतों की इन राहों पर,
इन चाहतों को ही राह बनाकर
मैं कुछ कर गुजरना चाहता हूँ।

अब थोड़ी सी हिम्मत, जो मैं कर जाऊँगा
खुद का आदर्श मैं बन पाऊँगा,
तभी तो मंजिल मिलेगी मुझको
और उसे पाने का मजा भी पाऊँगा।

अब छोटी सी तमन्ना है कि
तमन्नाओं का इकरार करूँ,
जो भी मुश्किल आए, मेरे मालिक
इन पे ही वार दूँ, इनसे ही प्यार करूँ।

□

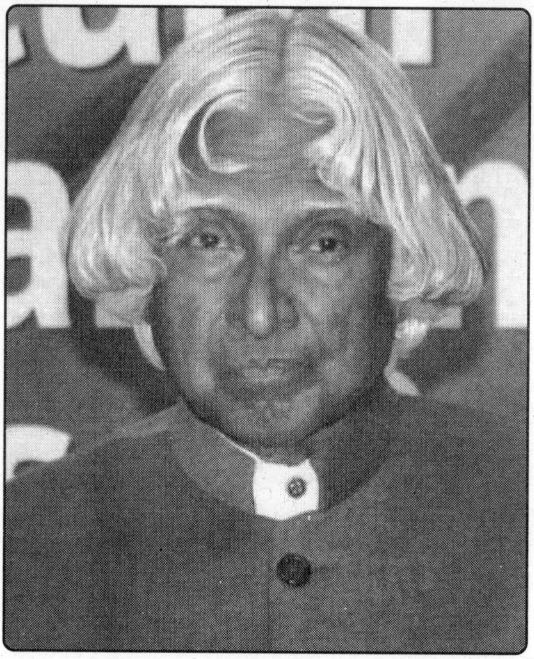

"दृढ निश्चय के साथ किए गए प्रयासों से आप पहले से मान्य धारणाओं के विपरीत भी हमेशा सफलता हासिल कर सकते हैं।"

"With determined efforts, you can always succeed against established beliefs."

सपने न चुराने देना

चुराए कोई नींद तो चुराए
सपने न चुराने देना,
मुसकराए कोई हमारी कोशिशों पे तो ठीक
असफलता पर नहीं मुसकराने देना।

चाहते तो वे हैं हमें बचाना
चाहतों से चुनौतियों की ओर जाना,
नादान परिजन ये जानते नहीं हैं
हमारा तो मकसद ही है, चुनौतियों को चाहना।

चुराए कोई नींद तो चुराए, सपने न चुराने देना···

लोग जब तिरछा सा मुसकराते हैं
दिल में तीर कई चुभ जाते हैं,
इन तीरों को सँभालकर रखना
ये तीर बड़े ही काम आते हैं।

चुराए कोई नींद तो चुराए, सपने न चुराने देना···

वह तुम्हें आजमाएँ, तो आजमाएँ
तुम खुद को न आजमाना,
वे जो बार-बार देता है, 'ना' आज
न कल साथ चलेगा, ये ही जमाना।

चुराए कोई नींद तो चुराए
सपने न चुराने देना,
मुसकराए कोई हमारी कोशिशों पे तो ठीक
असफलता पर नहीं मुसकराने देना।

□

“मैं महसूस करता हूँ कि छोटे लक्ष्य रखना बड़ा अपराध है।”

“I realize, small aim is a crime.”

मिशन महत्त्वाकांक्षी होने चाहिए

मिशन महत्त्वाकांक्षी होने चाहिए,
पर मूल्य हमारे खोने नहीं चाहिए।

मिशन से जुड़े लोगों से प्यार हो और,
सिर्फ वस्तुओं का इस्तेमाल होना चाहिए।

मिशन हमारा जरूरी नहीं, सबको खुश करे,
पर उनके लिए जरूरी, वह होना चाहिए।

मिशन वह हो, जो आपको लाभ पहुँचाए,
पर उससे नुकसान किसी का होना नहीं चाहिए।

मिशन मुश्किल बड़े हों, नामुमकिन से दिखते भले हों,
मंजिल तक पहुँचे बिना, रास्ते में खोने नहीं चाहिए।

मिशन महत्त्वाकांक्षी होने चाहिए,
पर मूल्य हमारे खोने नहीं चाहिए।

□

"आप राष्ट्र के इतिहास के एक पन्ने को रचने के लिए याद किए जाएँगे।"

"You will be remembered for creating a page in the history of the nation."

हार को जीत लो

एक़ न एक दिन कोई हार, आपके गले में पड़ा होगा,
या तो लोग माला पहनाकर, ताली बजा रहे होंगे।
या कोई आपकी तसवीर पर माला चढ़ाकर,
उसके आगे हाथ जोड़े खड़ा होगा।

मरने के बाद तो दुश्मन भी सराहे जाते हैं,
सेहरे तो हर दूल्हे के सिर पर सजाए जाते हैं।
बात तो तब होगी, जब सेहरा सफलता का सजेगा,
और नाम आपका आपके वजूद से बड़ा होगा।

एक न एक दिन कोई हार, आपके गले में पड़ा होगा...

यह तन मिट्टी का, मिट्टी में तो मिल ही जाएगा,
इक न इक दिन तू, लाश के नाम से जाना ही जाएगा।
बात तो तब होगी, जब तू अपने कर्मों के कारण जाना जाएगा,
और तेरे पदचिह्नों का प्रभाव, तेरे पाँव से बड़ा होगा।

एक न एक दिन कोई हार, आपके गले में पड़ा होगा...

चाहे हो श्मशान, चाहे कब्रिस्तान,
इस मंजिल पर तो तू, पहुँच ही जाएगा।
बात तो तब होगी, जब चार कंधों के पीछे,
तेरे चाहने वालों का कारवाँ, तेरी बारात से बड़ा होगा।

एक न एक दिन कोई हार, आपके गले में पड़ा होगा...

□

"इंतजार करने वालों को सिर्फ उतना ही मिलता है, जो करने वाले छोड़ जाते हैं।"

"People who wait will get only what people who try have left."

जियो गहरे जज्बात से

लम्हा-लम्हा वक्त, फिसल रहा है हाथ से,
और जिंदगी बह रही है तेज पानी के बहाव से।

ये आँखें, यह चेहरा,
न लगा पाओगे कोई पहरा।
कुछ न रहेगा, अगर न छोड़ा,
दिलों पर असर कोई गहरा।

रहना है याद तो, दिलों में,
अपनी छाप को छोड़ना होगा।
गुजरती है सबकी, पर,
हमें कुछ कर गुजरना होगा।

जीना होगा इसे,
गहरे जज्बात से।
जिंदगी बनती नहीं,
सिर्फ दिन महीने साल से।

दूसरों में कमियों को नहीं,
खूबियों को ढूँढ़ना होगा।
व्यवहार को नहीं,
इरादों को तौलना होगा।

फरिश्ते रहते नहीं,
कहीं और आसमान में।
रिश्ते जन्मों-जन्मों के बनाने होंगे,
हमें इसी जहान में।

बहानों को नहीं,
सपनों को पूजना होगा।
असंभव कुछ नहीं,
संभावनाओं को बोलना होगा।

आना होगा मैदान में,
अब तो कफन बाँध के।
बनते नहीं मौके, ऐसे ही,
तख्तो तोरण ताज के।

लम्हा-लम्हा वक्त, फिसल रहा है हाथ से,
और जिंदगी बह रही है, तेज पानी के बहाव से।

□

"मैं तो बस इतना जानता हूँ कि स्वर्ग में या धरती पर, स्वप्न की प्रतिबद्धता से बड़ी कोई शक्ति नहीं है।"

"What I do know is that there is no greater power in heaven or on the earth than the commitment to a dream."

तुझे ख्वाब ने है पुकारा

तुझे ख्वाब ने है पुकारा,
तू छोड़ के आ जा ये जहान सारा।
तेरी चाहतों के सदके,
अरमानों पे हो जा तू वारा।

जो यह दिल की तेरी धड़कन है,
कर्ज है तुझ पर ये ढेर सारा।
निभाना तुझे इसे इस जनम में ही है,
मौका न देख, फिर मिलेगा दोबारा।

तुझे ख्वाब ने है पुकारा,
तू छोड़ के आ जा ये जहान सारा।

सपने सिर्फ आँखों में न रहने देना,
न बह जाएँ ये कहीं, जब बहे गमों की धारा।
हर धड़कन पे इनका तू नाम लिख दे,
हर साँस लगाए, इनका ही बस नारा।

तुझे ख्वाब ने है पुकारा,
तू छोड़ के आ जा ये जहान सारा।

गंगाजल मुँह में जाने से पहले,
चख ले स्वाद, पसीने का तू खारा।
अरमानों की डोली उठा ले,
इससे पहले कि चिता पर चढ़ जाए तू सारा।

तुझे ख्वाब ने है पुकारा,
तू छोड़ के आ जा ये जहान सारा।

सपनों से इश्क को इनकलाब चाहिए,
चढ़ जाए सर पर, वो सैलाब चाहिए।
निभा ले वादे, सपनों से अपने,
जिससे जीवन ना हो जाए फिर जारा।

तुझे ख्वाब ने है पुकारा,
तू छोड़ के आ जा ये जहान सारा।

□

"सपने पूरे करने के लिए,
पहले आपको उन्हें देखना तो होगा।"

"You have to dream,
before your dream can come true."

स्वप्निल युग

यह युग मेरे मालिक, हर पल चलता रहे,
कोई-न-कोई सपना, मेरे मन में हर वक्त पलता रहे।

ये हाथ, पैर, ये आँखें,
तूने जो दी हैं, सबको दिखती हैं।
सपना जो दिया है, इन आँखों में,
हर वक्त दिखता रहे।

यह युग मेरे मालिक, हर पल चलता रहे...

इन सपनों का हकदार, मैं बनता रहूँ,
इनकी सुरक्षा हर वक्त, मैं करता रहूँ।
साँसों में रहें, ये मेरे बसकर,
इन्हीं के बल पर, मैं चलता रहूँ।

यह युग मेरे मालिक, हर पल चलता रहे...

सपने मेरे मुझसे बड़े हों,
मेरे साथ निरंतर खड़े हों।
अंगद के पाँव सा टिका दें पाँव,
अवरोध भले ही, कितने ही बड़े हों।

यह युग मेरे मालिक, हर पल चलता रहे...

मेरे सपने लंबे बड़े हों,
परेशानियों में न, भाग खड़े हों।
दूसरों को ये कोई चोट न पहुँचाएँ,
मूल्यों पर मेरे, ये खरे उतरे हों।

यह युग मेरे मालिक, हर पल चलता रहे,
कोई-न-कोई सपना मेरे मन में, हर वक्त पलता रहे।

□

"सफलता तब ही संभव है,
जब हम कार्य के लिए प्रतिबद्ध हैं।"

"Success is possible only
when we have a commitment to action."

कर्मयुग

कर्म युग में रहना, मेरा धर्म है,
आलस से बढ़कर न कोई अधर्म है।
कर्मों में अपनी खुशी तू ढूँढ़ ले,
इसी में छुपा जिंदगी का मर्म है।

“असफलता कभी मुझ पर हावी नहीं हो सकती, यदि सफलता की मेरी परिभाषा पर्याप्त मजबूत है।”

“Failure will never overtake me if my definition to succeed is strong enough.”

चलते चलो

चले चलो, चले चलो, चलते चलो, चलते चलो,
जो गिरो, तो फिर उठो, फिर चलो, चलते चलो!

ये जो सूरज तारे-चाँद हैं
सब तुम पर मेहरबान हैं,
ग्रहों की गति का क्या करना
जब चलना ही तेरा काम है।

चले चलो, चले चलो, चलते चलो, चलते चलो…

यहाँ से मंजिल नजर न आएगी
जो तू चल पड़ा तो तुझको
चाँदनी भी रोशनी दिखाएगी,
जो चलता रहेगा तू, तो मंजिल भी चलकर आएगी।

चले चलो, चले चलो, चलते चलो, चलते चलो…

जो चल गया, वो फल गया
जो चल गया, वो कर गया,
न चाल कोई चाल है
बस चलना ही कमाल है।

चले चलो, चले चलो, चलते चलो, चलते चलो…

जो चाल में, संगीत है
वो चाहतों का गीत है,
पैरों की थाप गुँजा ले राही!
सफलता सबसे प्यारा मीत है।

चले चलो, चले चलो, चलते चलो, चलते चलो,
जो गिरो, तो फिर उठो, फिर चलो, चलते चलो।

□

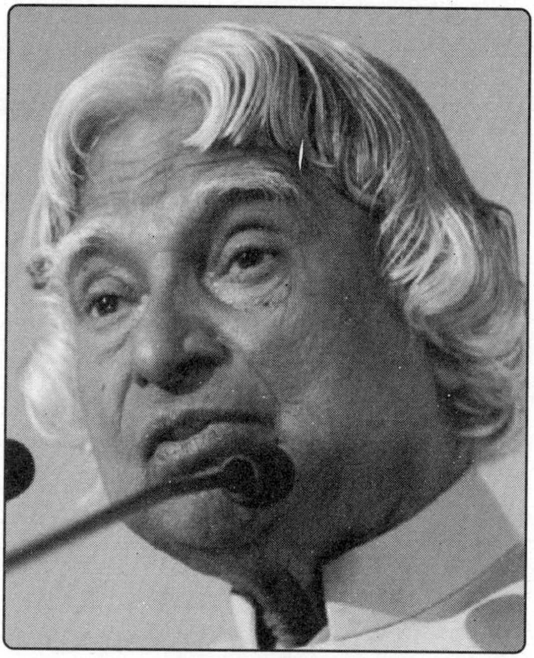

"आपको सफलता तभी मिलेगी, जब आपके पास ऐसा विजन हो, जो सपनों में बदल सके, विचारों में बदल सके और कार्यों में बदल सके।"

"You can achieve success only if you have vision, which translates into dreams, percolates into thoughts and turns itself into actions."

तारीख बनाम तारीख

जिंदगी तारीखों भरा कैलेंडर तो नहीं,
जो अगले साल रद्दी हो जाएगा।
जो भी सोचा, समझा व किया है हमने,
ताउम्र पलट-पलटकर आएगा।

यह सच है कि वक्त से बड़ा कोई नहीं,
पर वक्त के भरोसे, कोई बढ़ा भी तो नहीं।
वक्त को वक्त से, न चुराया हमने,
तो जो आज है, वो कल भी बस कल ही कहलाएगा।

जो भी सोचा, समझा व किया है हमने...

कुछ न किया तो, तारीख पे तारीख, यों ही निकलती जाएगी,
और ठान लिया तो हर तारीख इतिहास बनाएगी।
वरना लम्हा-लम्हा वक्त, यों ही गुजरता जाएगा,
और आनेवाला कल, कल भी कुछ न लाएगा।

जो भी सोचा, समझा व किया है हमने...

जिंदगी में तारीखें नहीं,
हर तारीख में जिंदगी खोजनी होगी।
कैलेंडर के पन्ने नहीं, जीने के तरीके बदलने होंगे,
फिर देखना ये वक्त, कैसा समा सुहाना लाएगा।

जिंदगी तारीखों भरा, कैलेंडर तो नहीं,
जो अगले साल रद्दी हो जाएगा।
जो भी सोचा, समझा व किया है हमने,
ताउम्र पलट-पलटकर आएगा।

□

“बरसात में सारे पंछी शरण ढूँढ़ते हैं पर बाज बादलों से ऊपर उड़कर बारिश से खुद को बचा जाता है। समस्याएँ आम हैं, पर हम उनको कैसे लेते हैं, यही बात अंतर लाती है।”

“All birds find shelter during a rain. But eagles avoid rain by flying above the clouds. Problems are common, but attitude makes the difference.”

तू ही उपाय है

जो तू नहीं है उपाय, तो तू ही समस्या है,
चाँदनी है सब तरफ, पर तेरी अमावस्या है।

चुनौतियाँ तो जिंदगी में कई आएँगी
हा-हा ही-ही करके तुझे डराएँगी,
चुनौतियों में भी नीतियों को चुनना
ये ही तो तेरी असली तपस्या है।

जो तू नहीं है उपाय, तो तू ही समस्या है…

दूसरों को दोष देना, सबसे आसान है
जिम्मेदारी लेने में ही असली मान है,
तू ही तेरा रावण और तू ही राम है
ये जान लेना ही तेरी चैतन्यता है।

जो तू नहीं है उपाय, तो तू ही समस्या है…

ऊँचाइयों से नहीं गिरने से डर
अँधेरों से नहीं, उनके घिरने से डर,
डर नहीं है गलत, पर डर से न डर
समस्याओं से डरना ही उनके उपाय की हत्या है।

जो तू नहीं है उपाय, तो तू ही समस्या है…

ज्यादातर समस्याएँ काल्पनिक हैं
जो असली हैं, वो तो तनिक हैं,

खुद से दूर खड़ा होकर समस्या को देख
ये उनका आगाज नहीं, बस इंतहा है।

जो तू नहीं है उपाय, तो तू ही समस्या है...

उपाय तुझ में से ही आएगा
हल-मिल ही जाएगा, जो तू सच्चे मन से चाहेगा,
उठ, आगे बढ़, कर जो करना है
तेरे और तेरे सकून के बीच सिर्फ तेरा आलस्य है।

जो तू नहीं है उपाय, तो तू ही समस्या है,
चाँदनी है सब तरफ, पर तेरी अमावस्या है।

□

"अंतःकरण एक महान् बहीखाता है, जहाँ हमारे सब कार्य दर्ज होते हैं। यह धमकाता है, वादा करता है, ईनाम व दंड भी देता है और सबकुछ अपने नियंत्रण में रखता है।"

"Conscience is also a great ledger, where all our acts are booked and registered.It is a terrible witness. It threatens, promises, rewards and punishes, keeping all under its control."

नसीब

हम सब के माथे पर सफलता लिखी है,
किसको कितनी, यह हमारा फैसला है।
लकीरें बनाई गई हैं, हाथों में क्योंकि
किस्मत का आधार, ये हाथ और यह हौसला है।

सफलता की श्रेणियाँ बाँटी गई हैं,
सबकी प्राप्तियाँ छाँटी गई हैं।
कोई है जो हमारी श्रेणी बनाता है,
हमारे किए धरे का हिसाब लगाता है।

जो भी तुम्हारी सही-गलत की परिभाषा है,
तुमको खुद से जो भी आशा है।
कर रहे हो या नहीं, पर जानो
क्या तुम्हारी अभिलाषा है!

गर तुम समय पर पहुँचना चाहते हो,
पर खुद को हमेशा, ट्रैफिक में फँसा पाते हो।
जितनी भी देर, तुम और देर लगाते हो,
खुद की श्रेणी तुम खुद ही घटाते हो।

तुम्हारे हिसाब से जो भी जरूरी है,
वह करना ही होगा, यह तुम्हारी मजबूरी है।
खुद से आगे, तुम जा नहीं पाओगे
कर लिया तो खुद को, प्रथम श्रेणी में पाओगे।

हम ही हमारी श्रेणी बनाते हैं,
खुद को अव्वल, तो आखिरी लाते हैं।
ये ही जिंदगी का सीधा सा हिसाब है,
जीना हमें दिन-रात, हमारा ख्वाब है।

□

“जिम्मेदार, साधारण, ईमानदार और परिश्रमी लोगों को ईश्वर स्वयं सम्मानित करता है; क्योंकि उसका कहना है कि ये लोग उसकी प्रकृति की सर्वोत्तम कृति हैं।”

“Those who are responsible, simple, honest and hard working are personally honoured by God. He says that they are his best creation on this earth.”

मेहनत का कश

निगाहों में सपने, होंठों पर मुसकान
दिन भर कुछ ऐसा करिए
कि जब तकिए पर रखो सर,
तो खुद पर हो मान

मेहनत के कश, जो तू लगाएगा
सफलता का धुआँ चहुँ ओर उड़ाएगा
तेरा हर डर उस धुएँ में उड़ जाएगा,
सकून का जश्न, तू हर पल मना पाएगा

सादगी व ईमानदारी रखेगा तो खुश रह पाएगा
प्रकृति की सर्वोत्तम कृति बन जाएगा,
जिम्मेदार खुद का जो तू बनने लगेगा
खुदा को भी फिर तू बड़ा भाएगा

मेहनत का वैसे भी कोई विकल्प नहीं है
जो करना है वो अल्प नहीं है,
उठकर इसे तो निभाना ही होगा
इससे अच्छा कोई संकल्प नहीं है

मजदूर की मजदूरी कभी बेकार नहीं जाती है
मेहनत हमारी हमारा विश्वास बढ़ाती है,
कोई है, जो हिसाब हमारा रख ही रहा है
यह आज नहीं तो कल, फल दे ही जाती है।

□

“हिम्मत जिससे हम डरते हैं, वह करने में है। जो कभी डर महसूस नहीं करता, वह मूर्ख है और जो डर को अपने पर हावी होने देता है, वह कायर है।”

“Courage is about doing what you are afraid to do. The one who feels no fear is a fool and one who lets fear rule him is indeed a coward.”

डर से न डर

डर, पर तू डर से न डर
जिससे लगे डर, वही तू कर

डर मन का वहम है
बस यों ही घर कर गया है
तूने ही इसे, पाला है
तेरे ही कारण, ये बढ़ गया है

जो तू, डर से डरेगा
तो यह तुझे, और डराएगा
जो तूने इसे, डराया
तो यह सरपट, भाग जाएगा

यह तेरे डर के डर
और हिम्मत के, बीच की लड़ाई है
डर तुझे, हराता आया
पर हिम्मत हमेशा जीतती आई है

जो तू हिम्मत, कर जाएगा
डर के आगे, दर्द पाएगा,
इस दर्द को जो तू, सह जाएगा
आगे खड़ी तू जीत को पाएगा

यह जीत तेरा अधिकार है
डर से डरना ही बस हार है,
चुन–चुनकर, डर निकाल
इन पर छाना ही पलटवार है

डर, पर तू डर से न डर
जिससे लगे डर, वही तू कर।

□

*“महिला ईश्वर की सुंदर रचना है।
जब महिलाएँ सशक्त होती हैं तो समाज का
स्थायित्व सुनिश्चित होता है।”*

“When women are empowered,
a society with stability is assured.
Womanhood is a beautiful creation of God.”

पहचान

हाथों की मेहँदी को हाथों तक रहने दे,
इस ताकत को अपनी कमजोरी न बना।

जब भी नजाकत हरकत में आई है,
कभी रामायण, कभी महाभारत बन पाई है।
आज उठ जा तू, अपने सपने के लिए,
समझौतों के वनवास की घड़ी अब आई है।

तू ही पद्मिनी, तू ही रानी झाँसी,
तू ही सुनीता, तू ही मैरी कॉम है।
ठान ली जो तूने मन में,
तो गूँज भी तेरा, मौन है।

नहीं चाहिए तुझे आरक्षण,
कर सकती है अपना रक्षण।
स्वावलंबी जब बन जाएगी,
तभी बंद होगा तेरा भक्षण।

घर, सबसे कठिन दफ्तर
परिवार की खुशी, सबसे बड़ा व्यापार है।
सफलता से, कर लिया तूने सबकुछ,
ये ही तेरी, काबिलियत का सार है।

अब तुझे एक और हिम्मत दिखानी है,
इन सब के बीच में अपनी पहचान बनानी है।
सास भी कभी बहू थी की कहानी पुरानी है,
तेरी कहानी, अब सब की, जुबाँ पर आनी है।

हाथों की मेहँदी को हाथों तक रहने दे,
इस ताकत को अपनी कमजोरी न बना।

□

“उद्‌देश्य मानव जीवन का केंद्रबिंदु है। मानव के अस्तित्व का उद्‌देश्य सिर्फ भोजन और ऐंद्रिक सुख नहीं होना चाहिए।”

“There is nothing in the entire universe that exists without a purpose. Purpose is central to a human life. The purpose of man's existence is not only eating and sensual enjoyment.”

छोटे प्रयास, बड़े बदलाव

छोटे प्रयास बड़े बदलाव करते हैं,
आओ एक अच्छी शुरुआत करते हैं।

तीस मिनट की चहलकदमी
बीस मिनट की कसरत,
देती रहेगी अंगों को आपके
जीवन भर की हरकत।

छोटे प्रयास, बड़े बदलाव करते हैं, आओ···

दिन भर पीते रहो गुनगुना पानी
ग्रीन टी का नहीं है कोई सानी,
रहेगा पाचन चुस्त–दुरुस्त
त्वचा पर रहेगी सदा रवानी।

छोटे प्रयास, बड़े बदलाव करते हैं, आओ···

प्रोटीन ज्यादा और तेल खाओ कम
माथा रखो ठंडा, पैर रखो गरम,
रखो खुद को हमेशा खुश
पालने पड़ें भले ही कुछ भरम।

छोटे प्रयास, बड़े बदलाव करते हैं, आओ आज···

हँसो हँसाओ दिल खोल के
जीतो दिल मीठा बोल के,

माफ करो दूसरों की गलतियाँ
तो रहो खुद की भी कमियाँ भूल के।

छोटे प्रयास, बड़े बदलाव करते हैं, आओ···

करो मेहनत कमर कस के
लगाओ कुछ अच्छे चसके,
कर जाओ कुछ ऐसे काम
जो नहीं हैं आम लोगों के बस के।

छोटे प्रयास, बड़े बदलाव करते हैं, आओ···

देखो सपने जी भर के
क्या जीना, यों मर-मर के,
सपनों का करो तुम अपने पीछा
जाने की ठानो, कुछ सत्करम करके।

छोटे प्रयास, बड़े बदलाव करते हैं,
आओ एक अच्छी शुरुआत करते हैं।

□

“‘चलता है’ का रवैया हमारे देश के विकास में सबसे बड़ा अवरोध है।”

“The attitude of ‘let thing be’ or what is popularly known as ‘Chalta hai’ is a major impediment to our country’s development.”

नजरिया

अपने-अपने अंदाज में
देश का अंदाज कहीं खो जाएगा,
नहीं बदला, हमने नजरिया तो जो सबसे ज्यादा जरूरी है,
वो ही नजरअंदाज हो जाएगा।

नहीं चाहिए, इस देश को लड़ाई
हिंदू मुसलिम धर्म की,
विकास तो सिर्फ तब होगा
जब बातें होंगी कर्म की।

नहीं बनाया कर्म को धर्म
तो बड़ा अनर्थ हो जाएगा,
सोने की चिड़िया कहलाने वाला यह देश
कभी विकसित न हो पाएगा।

नहीं बदला हमने नजरिया तो...

नवयुगी द्रौपदी, कलम सँभालो
पढ़ लो लिख लो मान बढ़ा लो,
स्वयं सुरक्षा तुम सीख ही लो
आत्मविश्वास को तुम पुकारो।

आत्मनिर्भरता जो तुम पाओगी
करारा जवाब तब दे पाओगी,
नहीं तुम्हें फिर कभी कोई
दाँव पर लगा पाएगा।

नहीं बदला हमने नजरिया तो···

यह आतंकवाद, ये गोला-बारूद
थोड़ा नुकसान पहुँचाएँगे,
पर इस माँ के पर ज्यादातर बच्चे
अवसाद में मारे जाएँगे।

जब सारे अखबार हर पन्ने पर भ्रष्टाचार,
बलात्कार, डकैती की ही खबरें लाएँगे,
तो अच्छे कर्म करनेवालों का
नाम गुमनाम ही रह जाएगा।

नहीं बदला हमने नजरिया तो···

हर अखबार को बीच का पन्ना
शाबाशी का लाना होगा,
जीरो से हीरो की कहानी से लेकर
नवयुग के श्रवणकुमार को दिखाना होगा।

सारा देश जब अखबार को
बीच से पढ़ना शुरू करेगा,
तब मेरे दोस्त इस तिरंगे का
नूर ही कुछ और दिखेगा।

नजरिया बदलते ही नजारा बदल जाएगा और

नहीं बदला हमने नजरिया तो, जो सबसे ज्यादा जरूरी है,
वो ही नजरअंदाज हो जाएगा।

□

“अपने प्रत्येक क्षण को व्यस्त एवं सार्थक तो रखो, परंतु साथ ही फूलों की खुशबू को महसूस करने और तितलियों के रंगों को देखने का समय भी अवश्य निकालो।”

“We must keep ourself busy every moment of the day in a meaningful way and, at the same time, take time out to enjoy the fragrance of blooming flowers or watch myriad colours of flitting butterflies.”

बदलाव जरूरी है

पल–पल करके साल गुजरता जा रहा है,
आनेवाला साल उम्मीदें फिर ला रहा है।

पापा, मैं कल से घूमने जाऊँगा,
माँ, मैं रोज वक्त पर खाऊँगा।
वो भूले वादे, वक्त
फिर याद दिला रहा है।

पल–पल करके साल गुजरता जा रहा है···

प्रिय, शाम को जल्दी घर लौट आऊँगा,
वो कसमों की रस्में सारी निभाऊँगा।
दिल आज फिर वफा के
वो गीत गुनगुना रहा है।

पल–पल करके साल गुजरता जा रहा है···

बच्चों को तैराकी के लिए लेकर जाना है,
अकेले बड़ा न होने दूँगा उन्हें, यह दिल ने ठाना है,
जिम्मेदारी का यह अहसास पलट–पलटकर आ रहा है।

पल–पल करके साल गुजरता जा रहा है···

साल आते रहेंगे, साल जाते रहेंगे,
जिंदगी के हाशिए पर देखो हम कब नया लिखेंगे।
हम न बदलें, तो कुछ न बदलेगा
इतिहास तो खुद को, हर साल दोहरा ही रहा है।

पल–पल करके साल गुजरता जा रहा है,
आनेवाला साल उम्मीदें फिर ला रहा है।

□

***"जिंदगी और वक्त बहुत अच्छे शिक्षक हैं,
जिंदगी हमें वक्त का सही उपयोग करना
सिखाती है और वक्त हमें
जिंदगी का मूल्य बताता है।"***

"Life and time are the worlds best teachers. Life teaches us to make good use of time and time teaches us the value of life."

वक्त की कद्र कर

ये वक्त बड़ा ही सख्त है
ये ही पलटता तख्त है

इसको मान ना दोगे,
तो ये कभी माफी न देगा
जो एक बार ये गुजरा,
तो फिर न यह पलटेगा

जो बीत गया, वो बीत गया
जो आएगा, वो कल आएगा,
खास यह है कि आज के पन्ने पे
तू क्या उकेर पाएगा।

जैसे गंगा बह गई तो बह गई
सैलाब वक्त के बह जाते हैं,
वक्त खराब करनेवाले,
खुद खराब हो जाते हैं।

लम्हा-लम्हा चुराना होगा,
सही काम में लगाना होगा।
वक्त की गति से भी तेज,
खुद को हमें दौड़ाना होगा।

वक्त तो यों ही बेदर्द है,
पर जीना हमें जीवन अपनी शर्त है।
वक्त को बलवान सब कहते हैं,
पर इसकी कद्र करने वाले अपनी शर्तों पर जीते हैं।

ये वक्त बड़ा ही सख्त है,
ये ही पलटता तख्त है।

□

“नवीनता के द्वारा ही ज्ञान को
धन में बदला जा सकता है।”

“It is through the process of inovation
that knowledge is converted into wealth.”

मौका

जो मिले मौका तो पकड़
न खुद को तू यों ही जकड़,
जो बदलना पड़े तो बदल
क्या करेगी ये तेरी अकड़?

किस्मत एक मौका सबको देती है
तेरा नंबर भी आया है,
तुझे कुछ भाए या न भाए
तू मौके को भाया है।

अनदेखा अनजाना खुद को डराता है
पर खोज ही तो असली जीवन कहलाता है।
कुछ बाहर, कुछ अंदर खोजता जा
नई-नई कहानी तू रचता जा।

जो तू रुकेगा, जग रुकता दिखेगा
जो चल पड़ा तो, जग साथ चलेगा,
तेरी तुझसे जो भी अभिलाषा है
वो ही जिंदगी की परिभाषा है।

जिंदगी का बहाव जो गंगा-जमना
तो यह मौका ही तो तेरी नौका है,
उठा ले पतवार ओ मेरे माही!
तुझे किसने अब रोका है।

□

“खुदा का बंदा होने के नाते,
मैं हर उस चीज से महान् हूँ
जो मेरे साथ हो सकती है।”

“As a child of God,
I am greater than anything
that can happen to me.”

हीनभावना बड़े काम की है

हमने हमेशा सुना है कि आत्मविश्वास जिताता है,
क्या हम जानते हैं कि हीनभावना भी काम आती है।

ये जो हीनभावना हममें घर कर जाती है
आसानी से फिर निकाली नहीं जाती है,
क्यों और कैसे आई, कोई नहीं जानता
पर आ गई तो फिर ये दिल है कि नहीं मानता।

हीनभावना हमें पसंद नहीं होती है
हम इसके पार जाना चाहते हैं,
जो भी करना पड़े, वो करते हैं
जोर–शोर से इसे दुत्कारते हैं।

हीनभावना को भगाने की हमारी चाहत
दिन–रात हमें बेहतर बनाती है,
इसीलिए तो कहती हूँ राही
यह हीनभावना बड़ी काम आती है।

हीनभावना समस्या नहीं है
हम इसका क्या करते हैं, वो ही अंतर लाता है,
दब गए इसके बोझ तले या चढ़ गए
इस पर पैर रखकर, वो ही जादू कर जाता है।

हीनभावना को ताकत बनाओ
आत्मविश्वास जब तक न पाओ
थोड़ा छलावा जरूरी है, खुद को देना
आत्मविश्वास का नाटक तुम करते जाओ
बस करते जाओ, बस करते जाओ।

□

"हमारी ज्यादातर मुश्किलें गायब हो जाती हैं, यदि हम उनके आगे झुकने की बजाय बहादुरी से उनका सामना करने का मन बना लें।"

"Most of our obstacles melt away if instead of cowering before them we make up our mind to walk boldly through them."

सीख लो

परेशानियों को पैरों तले रौदना सीख लो,
जो नहीं दबती, उनपर चढ़कर आगे बढ़ना सीख लो।

जो बनाने हैं पैरों के अपने निशान
तो तय करने होंगे कुछ अच्छे मुकाम
जो रोकते हैं तुमको कुछ पुराने निशान
उन निशानों को मिटाना सीख लो।

परेशानियों को पैरों तले रौंदना सीख लो···

रेत से ताजमहल बनाया नहीं जाता,
कुतुबनीनार पानी में तैराया नहीं जाता।
जो चाहते हो कुछ ठोस करना तो,
पत्थर पर पत्थर चढ़ाना सीख लो।

परेशानियों को पैरों तले रौंदना सीख लो···

लंका जीतना, कभी भी आसान नहीं था,
समुंदर लाँघना बंदरों का काम नहीं था।
पत्थर पानी पर कभी तैरा नहीं करते,
तैराने हैं तो विश्वास का रामनाम लिखना सीख लो।

परेशानियों को पैरों तले रौंदना सीख लो···

बिना चाबी के ताले बनाए नहीं जाते,
हिम्मत दिए बिना बंदे आजमाए नहीं जाते।
गर शक है कि कोई साथ देगा या नहीं
तो खुद पर जोर आजमाना सीख लो।

परेशानियों को पैरों तले रौंदना सीख लो।
जो नहीं दबती, उनपर चढ़कर, आगे बढ़ना सीख लो।

□

"प्रकृति से प्रेम कीजिए और उससे जुड़ी हर चीज की देखभाल कीजिए, आपको हर जगह ईश्वर मिलेगा।"

"Love nature and care for all its beings, you will find God everywhere."

प्रकृति से प्रेम

तू जल में है, तू थल में है
तू ही अग्नि, तू ही गगन में है,
तू इंद्रधनुष के रंग में है
हवाओं के तू चलता संग में है।

तू पर्वतों की उस चोटी पर है
चमकीले से उस मोती पर है,
नदियों के साथ तू बहता है
पेड़ के तने में तू रहता है।

तू ओम की उस गूँज में है
अजान की उस धुन में है,
सेवा के उस भाव में है
घंटे की टंकार में है।

तेरे नाम का दीया जलाएँ
या सुबह की नमाज अदा कर जाएँ,
या बचा लें एक पेड़ को कटने से
या आस-पास पाँच पौधे लगाएँ।

पानी को जो हम थोड़ा बचा पाएँ
प्रकृति के धर्म को जो हम सब निभा जाएँ,
तेरी इस सृष्टि की बस हम देखभाल कर लें
यह आराधना, यह इबादत तू कबूल कर ले।

□

"प्रतिदिन एक घंटा आप किताबें पढ़ने में लगाइए, और कुछ ही वर्षों में आप ज्ञान का भंडार बन जाएँगे।"

"Give one hour a day exclusively for book reading and in a few years, you will become a knowledge centre."

पढ़ो और बढ़ो

किताबें हमारी सबसे अच्छी साथी हैं
इन्हें पढ़ना शुरू करो, भाएँ चाहे नहीं भाती हैं

कागज के पन्ने पर काली-काली जो ये धारी हैं
हाथों की रेखा बदल सकें, महिमा इनकी भारी है

वे पन्ने जो फड़कते हैं, दिल कई धड़कते हैं
मोतियों से अक्षरों में सुर कई लरजते हैं

ये काले अक्षर, रंगीन सपने दिखाते हैं
किताब खत्म होने से पहले उद्देश्यों से मिलाते हैं

एक-एक पन्ना विश्वास का कतरा-कतरा बुनता है
हिम्मत तुझे देती हैं ये, जो तू सही पुस्तक को चुनता है

नहीं पढ़े हुए अध्यायों से, परिचय तेरा कराती हैं
फरिश्तों सी लगती हैं, दिल को जब छू जाती हैं

किताबें हमारी सबसे अच्छी साथी हैं
इन्हें पढ़ना शुरू करो, चाहे भाएँ चाहें नहीं भाती हैं।

□

"सुंदर हाथ वे हैं, जो हर पल, पूरे दिन जोशीले, बहादुरी भरे और सच्चे कार्य करते हैं।"

"Beautiful hands are those that do work that is earnest and brave and true;
moment by moment, the long day through."

सुंदर हाथ

सुंदर हाथ वो है, जो मेहनत करते हैं,
सुंदर हाथ वे हैं, जो मदद को बढ़ते हैं।

सुंदर हाथ वे हैं, जो सुबह-सुबह टिफिन लगाते हैं,
सुंदर वे वह हैं, जो सिर सहलाते हैं।

सुंदर हाथ वे हैं, जो पकड़कर चलना सिखाते हैं,
सुंदर हाथ वे हैं, जो प्यार से चपत लगाते हैं।

सुंदर हाथ वे हैं, जो बोर्ड पर लिखते हैं,
सुंदर हाथ वे हैं जो शाबाशी को उठते हैं।

सुंदर हाथ वे हैं जो कलम पकड़ते हैं,
सुंदर हाथ वे हैं जो नमन को जुड़ते हैं।

सुंदर हाथ वे हैं जो पुस्तक बनाते हैं,
सुंदर हाथ वे हैं जो इन्हें छपवाते हैं।

सुंदर हाथ वे हैं जो देश स्वच्छ कराते हैं,
सुंदर हाथ वे हैं जो सीमा पर बंदूक उठाते हैं।

सुंदर हाथ वे हैं जो सच्चे कार्य करते हैं,
सुंदर हाथ वे हैं जो अपना बनाने को बढ़ते हैं।

□

"मुझे लगता है कि भविष्य में जो दो चीजें सबसे ज्यादा विवाद का कारण बनेंगी, वे हैं– पानी और ऊर्जा।"

"I believe that the two key areas that will be sources of conflict in future are water and energy."

ऊर्जा-पानी बचाओ

क्या हम अपने बच्चों को
मोमबत्ती में पढ़ते देखना चाहेंगे,
नहीं बचाई ऊर्जा आज तो
फिर बैलगाड़ी पर आएँगे-जाएँगे।

यह बल्ब यों ही जो जलता है
तार इसका पिघलता है,
हवा पानी सब काम लेते हैं
एक यूनिट तब बनता है।

क्या हम अपने बच्चों को
खारे पानी से नहाता पाएँगे,
नहीं बचाया पानी आज तो
नए कुएँ कहाँ से लाएँगे?

ये सारा पानी तेरा है
वो भी जो तूने यों ही बिखेरा है,
बूँद-बूँद शरमाएगी,
पर तुझसे कुछ न कह पाएगी।

पानी बिजली खोजने हम
क्या नए ग्रहों पर जाएँगे,
खूबसूरत सी हमारी पृथ्वी को
क्या बंजर कर जाएँगे?

□

“आत्मविश्वास और मेहनत असफलता नाम की बीमारी को मिटाने की सबसे अच्छी दवा है।”

“Confidence and hard work is the best medicine to kill the disease called failure.”

कर्म ही धर्म है

कर्मों में आस्था है,
तो आसान हर रास्ता है।

कठिनाइयाँ नहीं थकाती हैं
अविश्वास से हर डग डगमगाती है,
कदम जो चल रहे थे अविरल
उन्हे गतिहीन कर जाती हैं।

जब बैठकर सोचते रहते हैं
ख्वाब नए बुनते रहते हैं,
नहीं किया उन सपनों पर कुछ काम तो
ये सपने ही हमें जलील करते हैं।

आत्मग्लानि हमें भाती नहीं है
जिम्मेदारी हमसे ली जाती नहीं है,
दूसरों को दोष हम देने लगते हैं
किस्मत खराब है, यह कहने लगते हैं।

कुछ सालों बाद, यह बहाने याद नहीं आते हैं
क्यों नहीं कर पाए, यह नहीं बूझ पाते हैं,
सपने पूरे करने के लिए, आज कुछ कर लो
नहीं तो जी तो लोगे ही, सपनों से कूच कर लो

रखना जो तुझको सपनों से वास्ता है
कर्मों में खुशी ढूँढ़ने लग ए दोस्त!
क्योंकि कर्मों में आस्था है
तो आसान हर रास्ता है।

□

"एक लीडर सफलता का श्रेय अपने साथ काम करनेवालों को दे देता है, और असफलता का बीड़ा खुद उठाता है।"

"A leader gives the credit for success to those who worked for it and absorbs the failures."

नेतृत्व

बनो तो इक मशाल बनो, अँधेरों का प्रकाश बनो,
अपनत्व से सींचो तुम, मत दो धक्का खींचो तुम।

क्या है सही, जानो, सिखाओ तुम
जो है सही करो, कराओ तुम,
जो कर रहे हो उसे ठीक से करो
उदाहरण अच्छा एक बन जाओ तुम।

ताकत जो तुमने पाई है
वह नेतृत्व के लिए आई है,
न आजमाओ जोर लोगों पर
सशक्तीकरण उनका कर जाओ तुम।

जो कुछ अच्छा हो रहा है
वह सब टीम ने किया है,
कुछ गलत है तो
सारी जिम्मेदारी उठाओ तुम।

सम्मान माँगा नहीं जाता
कमाया जाता है,
भविष्य देखा नहीं जाता
बनाने का बीड़ा उठाओ तुम।

जो तुम चुंबक बन जाओगे
अच्छे लोग आस-पास पाओगे,
पारस तुम्हें लोग कहने लगेंगे
दिल जो उनके छू जाओ तुम।

बनो तो इक मशाल बनो, अँधेरों का प्रकाश बनो,
अपनत्व से सींचो तुम, मत दो धक्का, खींचो तुम।

□

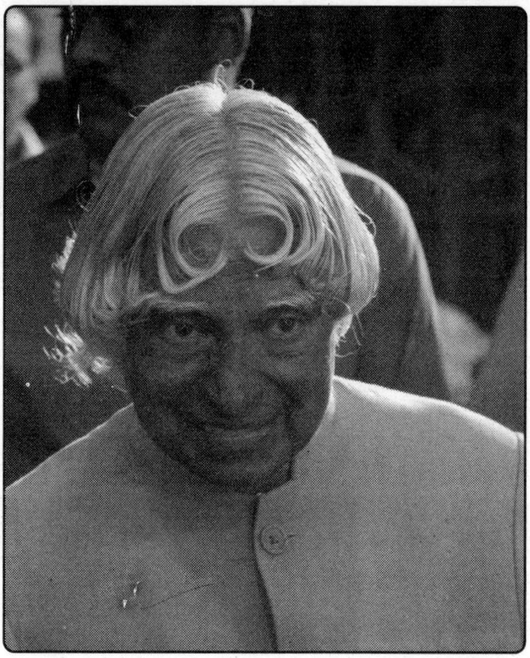

"हमारा पसीना ही विकासशील देश को विकसित भारत के रूप में बदलेगा।"

"Our sweat will transform developing India into a developed India."

अभ्यास

अभ्यास बढ़ाता है हमारी आस,
बेकार नहीं जाता है कोई प्रयास।

जब चाहत की प्यास बढ़ती है
आस कोई परवान तब चढ़ती है,
असली बहाव तब शुरू होता है
पसीने की खुशबू उसमें जब मिलती है।

वह जो माथे से चूता है पसीना
तभी चमकता है किस्मत का नगीना,
जितनी तेजी से फूलती है साँस
उतनी ही तेजी से पूरी होती है आस।

अभ्यास नीरस जब लगने लगे
कर-कर के जो तू थकने लगे,
तब काम आएगा सिर्फ तेरा संकल्प
क्योंकि मेहनत का नहीं है कोई विकल्प।

कर-कर, कर, कर, करता जा
हर दिन बेहतर तू बनता जा,
जितना बेहतर तेरा प्रयास होगा
अपने ऊपर उतना ही विश्वास होगा।

अभ्यास को नहीं परिहास में लेना है
वक्त इसे लगातार हर रोज देना है,
जितनी बेहतर तेरी कोशिश होगी
आस को भी आस की, उतनी ही कशिश होगी।

□

"शिक्षा का उद्देश्य क्षमता निर्माण करना है।"

"The purpose of education is capacity-building."

शिक्षा का मान बढ़ाएँ

शिक्षक हमारे जीवन की सबसे महत्त्वपूर्ण धुरी हैं,
इनके बिना जीवन-रेखा हो तो भी अधूरी है।

ये हमें वह बनाते हैं, जो अभी हम नहीं हैं
उस प्रकाश को बढ़ाते हैं, जो हममें ही कहीं है,
जब इनकी आत्मा हमारी आत्मा से मिलती है
तब ही नई सृष्टि हमारे लिए सजती है।

ये ही विषय को नहीं ढूँढ़ते हैं
विषय भी इनको ढूँढ़ता है,
जब ये विषय की पुकार सुनते हैं
तब शिक्षण इन्हें उपहार में मिलता है।

जैसे बीज को पनपने के लिए मिट्‌टी चाहिए
वैसे हमारे मन को पनपने के लिए शिक्षा चाहिए,
जैसे मिट्‌टी पृथ्वी को आधार देती है
शिक्षा पर ही समाज की इमारत खड़ी होती है।

आइए जो सिखाते हैं, उन्हें सम्मान दें
जो कर रहे हैं वो, उसे मानें, पहचान दें,
उनके विराट् रूप के आगे नतमस्तक हो जाएँ
और सफलता खुद को दिलाकर उनका मान बढ़ाएँ।

□

“अपने कार्य से प्यार व सपनों में आस्था
हो तो, पृथ्वी की कोई शक्ति तुम्हारे सपने
तितर-बितर नहीं कर सकती।”

“Love for your work, faith in your dreams,
No force on earth can shatter your dreams.”

पाक इरादे

इरादों की पाकीजगी सकून देती है,
कठोर मेहनत चैन की नींद देती है।

सबकुछ नहीं है हमारे बस में
जिंदगी डूबी नहीं रहती हमेशा रस में,
फिर भी ये हमेशा चलती रहेगी
तो तुम क्यों न बाँधो अपने तस्में।

इरादों की पाकीजगी सकून देती है···

क्यों बने बेचारा तू
हारने से पहले, क्यों हारा तू,
कोई दे सहारा तो है भला
नहीं तो खुद का सबसे बड़ा सहारा तू।

इरादों की पाकीजगी सकून देती है···

नजरें जरा घुमाकर तो देख
मन के पंख फैलाकर तो देख,
अवसरों की कमी नहीं है
खुदा खुद कर रहा है तेरी देख-रेख।

इरादों की पाकीजगी सकून देती है,
कठोर मेहनत चैन की नींद देती है।

□

“क्या हम इतना नहीं जानते कि आत्म-सम्मान आत्म-निर्भरता के साथ आता है।”

“Don’t we know that self-respect comes from self-reliance only.”

अग्नि

अग्नि सिर्फ मिसाइल ही नहीं
ताकत है, जो आत्म-निर्भरता लाती है,
आत्मनिर्भरता अहसास ही नहीं मौका है
उसी से देश की स्वतंत्र विदेश नीति बन पाती है।

यही बात जिंदगी के हर पहलू पर लागू होती है
जो बन गए काबिल तो आत्मनिर्भर बनोगे,
आत्मनिर्भर बन गए तो सम्मान से जियोगे
न बने तो जिंदगी भी यों ही अर्थ अपना गँवाती है।

अग्नि सिर्फ मिसाइल ही नहीं है
यह भी किसी का ख्वाब है,
जो आसमाँ को भेदने की सोचोगे तो
मिसाइल बना ही लोगे, यह खयाल लाजवाब है।

□

“आपकी आखिरी गलती आपकी सबसे अच्छी शिक्षक है।”

“The best teacher is your last mistake.”

कल से निकल

कल को कल में छोड़कर हमको कल में जाना है,
आगे देखने वालों के साथ ही चलता ये जमाना है।

किसने क्या कहा था, वो कब तक दोहराओगे
कोई क्या सोचता है में सच्चाई कहाँ से लाओगे,
कल किस नाम से तुम पुकारे जाओगे
ध्यान इस पर लगाकर, इन बातों से पार जाना है।

कल को कल में छोड़कर हमको कल में

दर्द जो कल तूने पाया था, वो दर्द पुराना है
तन तो भूल चुका है, मन को उसे भुलाना है,
पिछले गम जो भूल गए तो दिल ने खुशी को बुलाना है
नहीं तो जिंदगी में दर्द ने दर्द ही और लाना है।

कल को कल में छोड़कर हमको कल में

जो रिश्ते पीछे छूट गए, पत्ते डाली से टूट गए
पतझड़ जो हमसे जीत गए, वो बातें पुरानी हैं,
दिल का जो बस न चला तो बात दिल पे नहीं लगानी है
प्यार वो ही पुराना लुटाकर, रिश्तों को नया बनाना है।

कल को कल में छोड़कर, हमको कल में

कल के लिए खुशी से मुँह को नहीं मोड़ना है
आने वाले कल पर भी खुशी को नहीं छोड़ना है,
गलतियों को शिक्षक बनाकर उनसे सीखते जाना है
अनुभव तेरे काम आएगा, तूने अनुभव के काम आना है।

कल को कल में छोड़कर हमको कल में जाना है,
आगे देखने वालों के साथ ही चलता ये जमाना है।

□

"इस धरती पर हममें से हर एक मानव इतिहास के एक पन्ने की रचना करता है।"

"Each one of us on this planet creates a page in human history irrespective of who he or she is."

इतिहास सुनहरा हो

इतिहास तो तुम लिख ही रहे हो,
सुनिश्चित करो कि वह सुनहरा हो।

संघर्ष तो तेरा चल ही रहा है
फूलों की सेज पर तो तू पल नहीं रहा है,
मजबूरियाँ मिटाने को न करे तू संघर्ष
सपने निभाने का फैसला बस तेरा हो।

इतिहास तो तुम लिख ही रहे हो,
सुनिश्चित करो कि वह सुनहरा हो।

हर पल में जिंदगी का, एक पल कम हो जाएगा
आनेवाला पल भी पल भर में चला जाएगा,
पलकों में सजें, कुछ ऐसे सुनहरे सपने
कि बहाना न रहे काम का, जो भी फिर तेरा हो।

इतिहास तो तुम लिख ही रहे हो,
सुनिश्चित करो कि वह सुनहरा हो।

सफलता की लकीरें, जो हाथों में हैं तो काम आती हैं
मेहनत से खींची लकीरें भी बेकार तो नहीं जाती हैं,
आड़ी-तिरछी धारियाँ, कुछ डाल ले ऐसी पन्ने पर
पलटकर उन्हें जो देखे तो ऊँचा सिर फिर तेरा हो।

इतिहास तो तुम लिख ही रहे हो,
सुनिश्चित करो कि वह सुनहरा हो।

□

“सादगी और कड़ी मेहनत को अपनाइए,
सफलता का यही एकमात्र रास्ता है”

“Be simple and work hard,
that's the only way to success.”

कर्मयोगी

कर्मयोगी बनना मेरा धर्म है,
आलस से बढ़कर न कोई अधर्म है।

कर्मों की कलम जब चलती है
किस्मत तभी बदलती है,
जिंदगी के कोरे कागज पर
रंगीन तसवीर तब बनती है।

कर्मयोगी बनना मेरा धर्म है,
आलस से बढ़कर न कोई अधर्म है।

कर्म आस का 'अ' है
ये ही विश्वास का 'स' है,
कर्म की तूती जब बजती है
सफलता तब ही फलती है।

कर्मयोगी बनना मेरा धर्म है,
आलस से बढ़कर न कोई अधर्म है।

कर्मों का न कोई विकल्प है
ये ही सबसे बड़ा संकल्प है,
कर्म करे तो विराट् है तू
नहीं तो मानव जीवन भी अल्प है।

कर्मयोगी बनना मेरा धर्म है,
आलस से बढ़कर न कोई अधर्म है।

□

धैर्य युग

"जिंदगी में किसी भी तरह की सफलता पाने के लिए सबसे पहले अपने होश-हवास (मन) को सँभालना होता है और जब होश में दूरदृष्टि का जोश मिलता है तो हम किसी भी लक्ष्य को पा सकते हैं।"

"To achieve any success you have to first control sense and when this is combined with vision you can achieve any goal."

धैर्य युग

धैर्य धरे बिना, ध्यान लगाया जाता नहीं है,
ताजमहल एक दिन में, बनाया जाता नहीं है।
आस पर विश्वास, आस्था जगाता है,
और आस्था से अच्छा, कोई रास्ता नहीं है।

“जुनून से आप शुरू होते हैं,
आशा आपको आगे बढ़ाती है,
निरंतरता कार्य संपूर्ण कराती है।”

“Passion gets you started,
Hope keeps you going,
Consistency gets it done.”

सिलसिला जारी रहे

सिलसिला जो चलता रहेगा
मिल ही जाएगा तुझे सिला,
जो रास्ते से तू नहीं भटका
तो ही पकड़ पाएगा कोई सिरा।

ये सीधे रास्ते कभी सताते हैं
वे चौराहे कभी चाल चल जाते हैं,
जो न मन तू दाएँ-बाएँ भटकाएगा
जहाँ को चला है, वहाँ खुद को पाएगा।

सिलसिला, जो चलता रहेगा···

ये अवरोध गति कम कर सकते हैं
मंजिल को थोड़ा तेरी दूर कर सकते हैं,
जो तू अपनी मति न फिराएगा
फिर कोई भी तेरी किस्मत न बदल पाएगा।

सिलसिला, जो चलता रहेगा···

थकना मना है ओ मेरे राही
मंजिलें याद रख, जो हैं तुझको भाई,
पीछे जाने का रास्ता, तू बंद कर दे
अनदेखे तू सारे द्वंद्व कर दे।

सिलसिला जो चलता रहेगा
मिल ही जाएगा तुझे सिला,
जो रास्ते से तू नहीं भटका
तो पकड़ पाएगा कोई सिरा।

□

“आस्था की हिम्मत हमें ताकत और गरिमा देती है।”

“Courage of conviction gives us strength and dignity.”

चाहत की राहत

तू जो मेरे साथ है, जिंदगी सुखद अहसास है,
जो भी, जितना भी मेरे पास है, मेरे लिए खास है।

जिंदगी की हकीकतें, थोड़ी जालिम ही सही.
ख्वाहिशों की महफिलें, फिर भी सजती ही रहीं,
न मिला वो सबकुछ, जो चाहा कभी
पर चाहतों की चाहत की पूरी-पूरी आस है।

तू जो मेरे साथ है, जिंदगी सुखद अहसास है···

जिंदगी कई कड़वे घूँट पिला ही गई
खून के आँसू कई बार रुला ही गई,
पर जो भी है इसने रचा
इसकी खटास में भी एक मीठी सी मिठास है।

तू जो मेरे साथ है, जिंदगी सुखद अहसास है···

जिंदगी कभी धूप, कभी छाँव ही सही
कभी हवा का झोंका, कभी अलाव ही सही,
न बरसी किस्मत की, मेहरबानी हर वक्त
पर मेरी चाहत की राहत तो हमेशा मेरे साथ है।

तू जो मेरे साथ है, जिंदगी सुखद अहसास है,
जो भी, जितना भी मेरे पास है, मेरे लिए खास है।

□

“अगर आपके पास सत्य-निष्ठा है तो अन्य कोई बात मायने नहीं रखती है। अगर आपके पास सत्य-निष्ठा नहीं है तो फिर कोई बात मायने नहीं रखती है।”

“If you have integrity, nothing else matters.
If you don’t have integrity, nothing else matters.”

खुद से खुदा तक

ये जग रूठे तो रूठे
मैं खुद से न रूठूँ मालिक,
कहर मुझ पर जो टूटे तो टूटे
मैं खुद ना बस टूटूँ मालिक।

न मंदिर में सर झुकाया है
न चर्च तेरे मैं आया हूँ,
न सेवा करी है तेरी मैंने
न नमाज मैं अदा कर पाया हूँ।

ये जो तेरा बच्चा है
बस थोड़ा सा सच्चा है,
जो भी करने भेजा है तूने
वो ही करने में अच्छा है।

तू तो जन्मों-जन्मों का हिसाब लगाता है
तेरी माया न कोई जान पाता है,
मुझे बस इस जन्म का हिसाब बता
मदद कर मेरी, न मुझसे हो कोई खता।

तेरे बंदों का ध्यान मैं रखूँगा
उनकी बंदगी में कभी न मैं थकूँगा,
तू बस इतना रहम करना तू न कभी थकना
तू है, का भरोसा, बस बनाए यों रखना।

मेरी प्रार्थना से 'ना' शब्द निकाल दे मालिक
टूटने की नहीं जोड़ने की, आस दे मालिक,
न तू ना सुनता है, ना ही हमें ना सुनने दे मालिक
जिसके हम हकदार हों बस, वैसी गुजरने दे मालिक!

□

"सिर्फ सफलता नारी का उद्देश्य नहीं है, बल्कि नारीत्व के सार को सँभालकर उससे समाज को प्रभावित करना है।"

"The aim is not only for woman to succeed but also to keep their feminine essence and let that influence society."

मिठास बढ़ाती जा

पूर्णिमा, करवा चौथ मनाती जा,
पर कल्पना की तरह, चाँद पर जाती जा।

चाँद तो जब बढ़ नहीं पाता तो घटने लगता है,
तू आसमाँ की तरह अपना क्षितिज फैलाती जा।

पूनम के चाँद की तरह सुंदर महसूस कर,
पर ईद के चाँद की तरह महत्त्व अपना बढ़ाती जा।

चाँद-तारों को क्या, सूरज को ग्रहण लगे भले,
रोशनी से तू अपने समाज की शोभा बढ़ाती जा।

संघर्ष तेरी ताकत है, इससे न दिल छोटा कर,
जिंदगी कड़वा घूँट ही सही, नारीत्व की मिठास बढ़ाती जा।

□

"हिम्मत करने पर हम कुछ समय के लिए, कुछ खो सकते हैं, पर हिम्मत न करने पर खुद को खो देने का पूरा-पूरा खतरा है।"

"In choosing to dare you may momentarily lose your footing but to not dare is to risk losing ourselves."

हिम्मत अंदर की बात है

अँधेरे में कोई परछाईं नहीं होती
और रोशनी की कोई परछाईं नहीं होती,
या तो बनो रोशनी कि कोई दाग न छोड़ो
या बनो अँधेरा कि कोई निशान न छोड़ो।

परछाइयों को पीछे छोड़ना है
तो सूरज की तरफ मुँह को मोड़ना है,
जिंदगी में आगे बढ़ना है तो
हिम्मत के साथ खुद को जोड़ना है।

रात को दिया सूरज से बड़ा है
जीता वही, जो डट के खड़ा है,
हालात तो आएँगे तोड़ने तुझे
बना वही, जो न इनसे टूटा है।

साहस से बड़ा कोई दुस्साहस नहीं
ताकत इतनी देता, कोई और अहसास नहीं,
ये अंदर की ही बस बात है
बस में हमारे ये एक जज्बात है।

हिम्मत वो छोटी सी चिनगारी है
जो हर मुसीबत पर भारी है,
जिसने की, उसने ही बाजी मारी है
अब कर जाने की बस बारी हमारी है।

□

“मैंने अपनी असफलताओं से सीखा है और उनका सामना करने के लिए हिम्मत से अपने को मजबूत किया है।”

“I learnt from failure and hardened myself with courage to face them.”

असफलता से सीख

असफलता की दर दोगुनी कर दो
सफलता की दर चार गुनी पाओगे,
जो असफलता से यों ही घबराओगे
सफलता खुद से खुद दूर भगाओगे।

सफलता जिस राह के कोने पर मिलती है
वो राह असफलता से होकर ही गुजरती है,
जो इन राहों पर निरंतर चलते जाओगे
सफलता को अपने इंतजार में खड़ी पाओगे।

असफलता अंतिम पड़ाव नहीं है
नसीब का फैलाया यह कोई जाल नहीं है,
तेरे साथ ही होने वाला खास, कोई, कमाल नहीं है
तुझे बहा ले जाने वाला, कोई ये सैलाब नहीं है।

जो धैर्य तेरा छूटने लगे, हौसला जो टूटने लगे
मन तेरा खराब हो, खुद से तू नाराज हो,
थोड़ी और असफलता ला, प्यार से उसे सहला
कर्मों की कलम से असफलता का 'अ' तू काटता जा।

सफलता का अंत नहीं है, असफलता अंतिम नहीं है
ये तो जिंदगी के दौर हैं, आज हैं तो कल नहीं हैं,
जो तू बिना निराश-हताश हुए चलता जाएगा
सफलता असफलता, दोनों से ताकत पाएगा।

जो तू असफलताओं से सीखता जाएगा
नए तरीके तू अपनाता जाएगा,
और जो पाने से ज्यादा बनने की सोचेगा
असफलता में से ही सफलता पाएगा।

□

“यदि आप रेत पर अपने पैरों के निशान छोड़ना चाहते हैं तो उन्हें घसीटिए मत।”

“If you want to leave your footprint on the sands, do not drag your feet.”

पदचिह्न कहाँ से छोड़ोगे

जो पैरों को घसीटोगे
तो पदचिह्न कहाँ से छोड़ोगे?
समय की रेत पर बिखर जाओगे
तो फिर कैसे कुछ अच्छे अपने निशान छोड़ोगे?

जो बने रहे लकीर के फकीर
तो किस्मत की रेखाओं को कैसे मोड़ोगे?
जो ठान ली कुछ खास करने की मन में
तभी तो कुछ अच्छे रिकॉर्ड तोड़ोगे।

लहरें तो आती ही रहेंगी
निशान तुम्हारे मिटाती ही रहेंगी,
प्रेरणा-पुंज जो बन गए तो
प्रकाश अपना बिखेरोगे।

मिट्टी से आए हो
मिट्टी में ही मिल जाओगे,
जो न खिलाया फूल अपने मन का
तो खुशबू कहाँ से बिखेरोगे।

दिल तो धड़कना
बंद कर ही देगा एक दिन,
पर जो इसकी न सुनी तुमने
तो फिर जीवन-लहरी कैसे तुम छेड़ोगे?

जो पैरों को घसीटोगे,
तो पदचिह्न कहाँ से छोड़ोगे?

□

"जिन कठिन परिस्थितियों का आप सामना कर रहे हैं उन्हें काम में लेकर खुद को अध्यात्म की ओर लेकर जाइए और इसे काम में लेकर कुछ सार्थक प्राप्त कीजिए।"

"Use the difficult situation you are facing to tap into your spirituality and build upon it to achieve something meaningful."

गम की दवा

वो जो आँख तेरी कभी नम होती है
नैनों से टपकता जो मोती है,
कुदरत का कमाल तू देख
किस अदा से दिल तेरा वो धोती है।

जिंदगी बड़ी अनमोल है
भले ही छाया गमों का दौर है,
इन गमों को तो गुमाना ही होगा
इनके आगे की जिंदगी ही कुछ और है।

मन के आँगन में फूल जो खिलाने हैं
अंकुर खुशी के जो इसमें उगाने हैं,
जिंदगी में रस तू बनाए रख
सूख जाने के तो लाखों बहाने हैं।

जिंदगी कभी सड़ाएगी
तो कभी महकाएगी,
पर जो तेरी खुद की कस्तूरी महकेगी
तो फिर गंध कोई तुझे न सताएगी।

भगवान न करे जो कभी पतझड़ आएगा
प्रिय पत्तों का झड़ना तुझसे देखा न जाएगा,
गम को हद से बढ़ जाने देना
वह ही इस गम को तुझे भुलाएगा।

खयालों में अपने इक गंगा बहा
पत्तों का इक दौना ला, फूलों से तू इसे सजा,
बात जो तेरे बस में नहीं है, को इस दौने पर रख
और दोनों हाथ से इसे उस बहाव में छोड़ता जा।
बस छोड़ता जा, छोड़ता जा···

□

"जब हम परेशानियों से गुजर रहे होते हैं
तब हमारी मानसिक शक्ति ही हमारी मदद का
सबसे बड़ा साधन होती है।"

"Mental strength is the most powerful
source of support when we are
going through a difficult times."

किनारे है नैया

राही इस रात का सवेरा सामने है,
तेरे इंतजार की अब शाम होनेवाली है।

तुझे चुना है उसने जिस बीज को सींचने के लिए
उस बीज में बस अब फुटान होने वाली है,
तू ना होता काबिल तो चुना ही न जाता
तुझे चुनने वाले की ऊँची शान होनेवाली है।

राही इस रात का सवेरा सामने है,
तेरे इंतजार की अब शाम होनेवाली है।

थकान को तन तक ही रख मन में नहीं डालना है
इस पैर के दर्द को उस पैर में नहीं पालना है,
तेरी प्रार्थना और मेहनत बेकार नहीं जाएगी
तेरे इस संघर्ष की उम्र तमाम होनेवाली है।

राही इस रात का सवेरा सामने है,
तेरे इंतजार की अब शाम होनेवाली है।

इम्तहा पे इम्तहा तू देता आया है
तेरे सब्र का प्याला तू भरता आया है,
मत हताश हो ए मेरे मुसाफिर
तेरी किश्ती लहरों से अब पार होनेवाली है।

राही इस रात का सवेरा सामने है,
तेरे इंतजार की अब शाम होनेवाली है।

समस्या कभी कोई स्थायी नहीं है
मंजिल ऐसी कोई नहीं, जो चाहने वालों ने पाई नहीं है,
सूरज भी सारी रात डूबकर ही सुबह उभरता है
वो देख, तेरी भी सुबह की अजान होने वाली है।

राही इस रात का सवेरा सामने है,
तेरे इंतजार की अब शाम होने वाली है।

इन रास्तों से तो तू गुजर ही जाएगा
मंजिल तो अपनी तू पा ही जाएगा,
इन कठिनाइयों को तू हमेशा याद रखना
तेरी शिक्षक ये ही कमाल होने वाली है।

राही इस रात का सवेरा सामने है,
तेरे इंतजार की अब शाम होने वाली है।

□

"धैर्य और सहिष्णुता शक्ति हैं;
इन्हें मत खोना।"

"Patience and tolerance is the power,
don't lose it."

धैर्य युग फलता रहे

धैर्य युग मेरा, मुझे हर वक्त फलता रहे,
धीरज का फल मीठा मुझे हमेशा मिलता रहे।

बस वो दिखना बंद हो जाए
उससे पहले मिल जाए,
सपने जिनसे मैं जिंदा हूँ
मन में मेरे न मर पाए।

धैर्य युग मेरा, मुझे हर वक्त फलता रहे···

थक-थककर भी मैं काम करूँगा
काम नहीं, कभी मेरा थक जाए,
हिम्मत से मैं आगे बढ़ूँगा
हिम्मत न कभी मेरी डर जाए।

धैर्य युग मेरा, मुझे हर वक्त फलता रहे···

सब्र मुझे न खराब करे, मन थोड़ा खराब भले ही हो जाए
किस्मत मेरी मेरे कर्मों से जागे, पर जाग के फिर न सो जाए,
सब्र के मीठे फल का सब्र कभी न छलक जाए
आते-आते आए भले ही, सफलता मुझको मिल जाए।

धैर्य युग मेरा, मुझे हर वक्त फलता रहे···
धीरज का फल मीठा, मुझे हमेशा मिलता रहे।

□

"आप अपनी नियति के खुद रचनाकार हैं। हर विचार, भाव, चाह और कार्य प्रभाव पैदा करता है।"

"You are the architect of your own destiny. Every thought, emotion, wish and action creates a force."

जीवन युग

खुद को खोए बिना कुछ भी पाया जाता नहीं है,
लहर बने बिना किनारे आया जाता नहीं है।
जाग, उठ, चल दे, खुद को बनाने की राह पर,
जीवन और किसी तरह सफल बनाया जाता नहीं है।

“स्वयं के सार को खोजो और उसको निखारो। किसी और की परछाईं बनने से खुद की रोशनी बनना ज्यादा अच्छा है।”

“Discover the essence of your ownself and build upon it. You must be a first grade version of yourself instead of being a second grade version of somebody else.”

नाज

खुद का खुद से प्यार अच्छा लगता है,
नाज का यह रंग खुद पर खूब फबता है।

खुद से न मिले रोज तो कुछ चूक जाओगे तुम
न सुनी अपने ही दिल की, तो क्या कूक पाओगे तुम,
सारे जहान को चाहो, ये बड़ा जरूरी है पर
खुद से प्यार न निभाओ, ऐसी तो न कोई मजबूरी है।

ये मोह, ये माया या ये छलावे सी काया
कब है, कब नहीं, कोई न जान पाया,
जो भी तेरा आत्मविश्वास है, वो ही सदा तेरे साथ है
मेहनत से जोड़ ले उसे, जो भी तिनका तेरे पास है।

खुद को खुद से कैसे बचाओगे तुम
जो वादे न भी किए, क्या भूल पाओगे तुम,
जो करना है खुद ही, कर गुजरना है
तो हर पल खुद का मान जरूर रखना है।

कोई चाहे तो उसका सदका निकालो
जो दे साथ तो सजदे में उसके सर झुका लो।
खुद को बनाओ तुम खुद की पसंद का
तुलना या जलन में जीवन न निकालो।

खुद का खुद से प्यार अच्छा लगता है।
नाज का यह रंग खुद पर खूब फबता है।

□

“एक प्रज्वलित मन संपूर्ण धरती पर सबसे ताकतवर संसाधन है।”

“An ignited mind is the most powerful resource on the earth, above the earth and under the earth.”

ऊँची सोच की गहरी बातें

दुनिया में सबसे ऊँची तेरी सोच हो,
मूल्यों की गहरी नींव में न कोई लोच हो।

इरादों का पत्थर विश्वास की मिट्टी ला
जुनून की आग में इनको थोड़ा तपा,
सपनों के बहाव में फिर इनको भिगा
मंजिल दर मंजिल तू सोच का महल बना।

खिड़कियों को खुला रखना हवा धूप ने आना है
इन्हीं खिड़कियों ने आँधी-तूफान भी लाना है,
ऐसे परदे लगा कि जो तू चाहे अंदर आए
कोई भी तेरे मन के आँगन में कचरा न फेंक पाए।

जो तू सुनेगा वो तू बुनेगा
जो तू बुनेगा वो तू बनेगा,
इस चक्र को तू अपने ढंग से चला
क्या सुनना है, क्या नहीं का चुनाव करता जा।

तेरा सही-गलत तेरे संस्कारों से आया है
वो ही तेरा गुरु वो ही सरमाया है,
अपना सीखा किसी और के लिए नहीं बदलना है
खुश रहना है तो सदा उन्हीं मूल्यों पर चलना है।

संस्कारों के ऊपर सिर्फ साथ आता है
संगत क्या है तेरी यह अंतर लाता है,
जिस रास्ते जाना चाहता है उसके गुरु को खोज
खुले दिल से सीख और अभ्यास कर हर रोज।

दुनिया में सबसे ऊँची तेरी सोच हो,
मूल्यों की गहरी नींव में न कोई लोच हो।

□

"तुम अपनी आँखों को बड़े-बड़े स्वप्न दो और हृदय में उन स्वप्नों को वास्तविकता में बदल डालने का विश्वास पैदा करो।"

"We should nurture big dreams in our eyes and the confidence in our hearts and that will transform those dreams into reality."

विश्वास

विश्वास हर पहल की आत्मा है,
इसके साथ चलता परमात्मा है।

विश्वास अंत की पहल है
बिना इसके दिल जाता दहल है,
ये भी इक आदत ही है
जो न डाली तो न कोई हल है।

दूसरों पर विश्वास तब आएगा
जब तू खुद में विश्वास जगा पाएगा,
जब तक गलत साबित न कर दे कोई खुद को
तू उनको अच्छा मानता जाएगा।

खुद पर विश्वास तुझे तब आएगा
जब तू खुद को बड़ा भाएगा,
और जहाँ भी तू जाना चाहता है
उस ओर कदम बढ़ाता जाएगा।

सपनों पर विश्वास तब आएगा
जब उनके तू कुछ काम आएगा
जिन सपनों को अपना न माना तूने
उन पर विश्वास न कोई दिला पाएगा।

तेरी मंजिल पर विश्वास तुझे तब आएगा
जब उसकी राहों पर तू उल्हास पाएगा,
जो चल पड़ा तू हँसता मुसकराता
तो विश्वास भी तुझ पर विश्वास कर पाएगा।

विश्वास हर पहल की आत्मा है,
इसके साथ चलता परमात्मा है।

□

“बातचीत दोस्त बनाती है,
दुश्मनी मिटाती है।”

“Communication creates more friends and destroys enemity.”

बात की बात

बातचीत से बात बनती है, सुधरते जाने की,
चाहत खुद को साबित करने की चाह से ज्यादा अच्छी है।

ये जो दिलों की वीणा है, वो ही सबसे बड़ा नगीना है,
बातों के तार तू छेड़ता जा, सौहार्द के सुरों में इसे घेरता जा।

बोली के घुँघरू जब बजते हैं, नए कई राग तब सजते हैं,
सुनने का सुर जब समाएगा, दो दिलों में सरगम ये लाएगा।

पहल करना ही पहेली है, चुप्पी अहम की सहेली है,
इसे तू सुलझाता जा, गीत वफा के गाता जा।

सुनकर समझ, समझकर तू सुन,
इन शब्दों की धाप की, बड़ी प्यारी है धुन।

समझ कर तू बोल, बोलकर तू तौल,
मिठास की बाँसुरी ला, प्यार से उसको बजा।

निष्पक्ष सुनना है, चोट न पहुँचे यों बोलना है,
जब लगे धुन, न सज पाएँगी, एक चुप्पी से ही सौ बला टल पाएँगी।

तेज आवाज दूर से आती दिखती है, चीख चिल्लाहट दूर ले जाती है,
मुसकराकर दृढता से कही बात ही असली असर दिखा पाती है।

बातें जो खुद की होती हैं, बड़ी जरूरी होती हैं,
पर खुद की ही होती रहें, तो मतलब अपना वो खोती हैं।

इतनी चुप्पी से बात कर, कि तेरी बात सिर्फ बात न रह जाए,
खामोशी इतनी हो सुरों में तेरे, कि सफलता शोर मचा जाए।

□

“हमें कभी उम्मीद नहीं छोड़नी चाहिए और समस्याओं के आगे कभी हार नहीं माननी चाहिए।”

“We should not give up and we should not allow the problem to defeat us.”

जी ले मुसकरा के

आओ जिंदगी पर आज थोड़ा खिलखिला लें,
जो दे ये उसे ले लें, जो न दे उसे चुरा लें।

जो दे ये खुशियाँ तो सब में लुटा दें
जो दे ये गम, तो खुद से भी छुपा लें,
आओ जिंदगी को थोड़ा आजमा लें।

जो जिताए ये तो जीतें
जो हराए ये तो इसे ही थका दें,
आओ जिंदगी को थोड़ा हम भी छका लें।

जो ये सहलाए तो खुद पर भरोसा बढ़ाएँ
जो लताड़े तो खुद को खुदा के भरोसे पाएँ,
आओ जिंदगी को थोड़ा आसान बना लें।

ये जिंदगी जो आज है कल न होगी
न किसी की सगी है, न हमारी होगी,
तो आओ इस पल को तो अपना बना लें।

आओ जिंदगी पर आज थोड़ा खिलखिला लें,
जो दे ये उसे ले लें, जो न दे उसे चुरा लें।

□

"मैं कोई खूबसूरत नायक नहीं हूँ, पर इस लायक हूँ कि किसी को जरूरत हो तो मदद के लिए अपना हाथ बढ़ा सकूँ।"

"I'm not a HANDSOME guy but I can offer my hand-to-someone who needs help."

सूरत बनाम सीरत

आपके गाल का वो तिल
कोई याद नहीं रखेगा,
पर कैसा है आपका दिल
वो हमेशा याद रखा जाएगा।

कैसी है सूरत आपकी
ये कब तक जाना जाएगा,
पर कैसी है सीरत आपकी
ये हमेशा पहचाना जाएगा।

वो लंबी सी नाक
कितनों को पसंद आएगी,
उस नाक पर हर दम
गर गुस्सा ही चढ़ा रहेगा।

वो गहरी सी आँखें
क्या ही दिल को भाएँगीं,
गर ना उनमें कोई सपना
कूट-कूट कर भरा रहेगा।

वो नाजुक से होंठ
नजाकत कैसे लाएँगे?
गर नहीं जो वो दूसरों की
खुशियों में मुसकराएँगे।

वो गोरा सा रंग
चेहरे पर तेज कैसे लाएगा?
जो तू दूसरों की मदद को
हाथ कभी नहीं बढ़ाएगा।

□

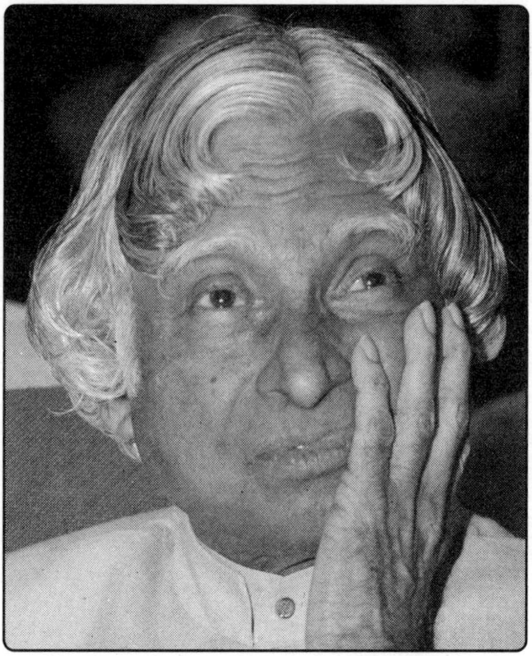

"मौका मिलने पर मानव का मानव के लिए प्यार, सारे भेद मिटाकर, नदी के बहाव की तरह उमड़ ही पड़ता है।"

"Given the opportunity, love towards our fellow human being flows like an uninhibited river, washing away all differences."

प्यार की गंगा

जैसे खून जोर मार ही जाता है
मानवता भी मान दे ही देती है,
मौका दें हम अपने दिलों को
तो प्यार की गंगा-जमना बह ही लेती है।

ये सीमाएँ दिलों में नहीं हैं
ये नक्शे बाल-मन को नहीं पता है,
भूगोल पढ़ाया जाता है जानकारी के लिए
सीमाओं के इतिहास में कुछ नहीं रखा है।

इस धरती पर जनम लिया है हमने
माँ सी ये लगती धरती है,
कितने भी हथियार बनाएँ हों हमने
जीत तो हासिल मोहब्बत ही करती है।

जरूरतमंद की मदद करने से खुशी मिलती है
ये किसी प्रशिक्षण में सिखाना नहीं होता है,
इसके लिए तो बस शांत मन से
दिल क्या चाहता है, दिल को सुनाना होता है।

□

"अपनी मोमबत्ती से दूसरे की मोमबत्ती जलाने से हमारी मोमबत्ती का कुछ नहीं जाता।"

"A candle loses nothing by lighting another candle."

अपनी लौ से इक लौ तुम भी जलाना

सूरज जो ढल रहा है
हम मोमबत्ती बन जाते हैं,
नहीं करेंगे रोशन जग सारा
पर किसी के तो काम आते हैं।

एक मोमबत्ती मैं बनता हूँ
एक मोमबत्ती तुम लाना,
मैं जला तो तुझे करूँगा रोशन
जो तुम जले तो मुझे जलाना।

पल-पल जलती लौ के साथ
वजूद तेरा भी पिघल जाएगा,
जो कर दिया रोशन किसी को तो
जहाँ तेरा रोशन रह पाएगा।

एक दूसरे को करते रोशन
प्रकाश हम भी फैलाएँगे,
सारे जहाँ से अच्छा हिंदुस्तान हमारा
फिर गर्व से कह पाएँगे।

□

*"जब माँ खुश होती है, परिवार खुश होता है;
जब परिवार खुश होता है, राष्ट्र खुश होता है,
उन्हें खुश रखो।"*

"When mother is happy, family is happy,
When family is happy, nation is happy,
Make her smile."

माँ

जिसके शब्दों में गुस्सा और आँखों में था प्यार,
ऐसी थी लीला मेरी माँ की अपार।

सही–गलत था उसने हमेशा सिखाया
चाहे वो उस समय हमें भाया या नहीं भाया,
जिंदगी जीने का सही तरीका
हमने भी उन्ही के अनुभवों से है पाया।

आँखों में उसकी देखते रहते थे
शाबाशी में उसकी खुशी ढूँढ़ते रहते थे,
उसी खुशी की चाह में आगे बढ़ गए
मुसकराए वो जिस पर वो सबकुछ कर गए।

आज भी बस उसी को जिताना है
मैया पर मेरी कुछ खास लुटाना है,
कल उसकी नाराजगी हमें सिखाती थी
आज हमारी खुशी में सिमटा उसका जमाना है।

जिसके शब्दों में गुस्सा और आँखों में था प्यार,
ऐसी थी लीला मेरी माँ की अपार।

□

“जब तुम कुरसी पर आते हो,
जो हक है उससे नवाजे जाते हो
उससे ज्यादा जब भी कुछ चाहते हो,
अवैध प्राप्तियाँ ही कर पाते हो।”

“When the almighty appoints a person to a position, he takes care of his provisions. If a person takes anything beyond that, it is an illegal gain.”

हम भी 'कलाम' कहलाएँगे

रिश्वत के साँप को छुओगे तो इसका जहर तुम्हें ही मार डालेगा,
जहर मारेगा बाद में पहले मिठास तुम्हारी जान ले डालेगा।

जब तुम कुरसी पर आते हो, जो हक है उससे नवाजे जाते हो,
उससे ज्यादा जब भी कुछ चाहते हो, अवैध प्राप्तियाँ ही कर पाते हो।

जब भी कोई तुम्हें रिश्वत देता है, जमीर को तुम्हारे खरीद लेता है,
उसके पीछे जो उसका मकसद होता है, वो बोझ तू जीवन भर ढोता है।

काबिल बन, और कमा, हक को अपने बढ़ाता जा,
मूल्य तेरे काम आएँगे, तू देश के काम आता जा।

जो तू अगली पीढ़ी को, रिश्वत नहीं लेने की सीख देगा,
तभी ऐसा होगा कि नहीं कोई और देश हमें मदद की भीख देगा।

हमारे संसाधन सर्वोत्तम हैं, जो सही रास्ते हम अपनाएँगे,
देश तो विकसित हो ही जाएगा, हम भी 'कलाम' कहलाएँगे।

□

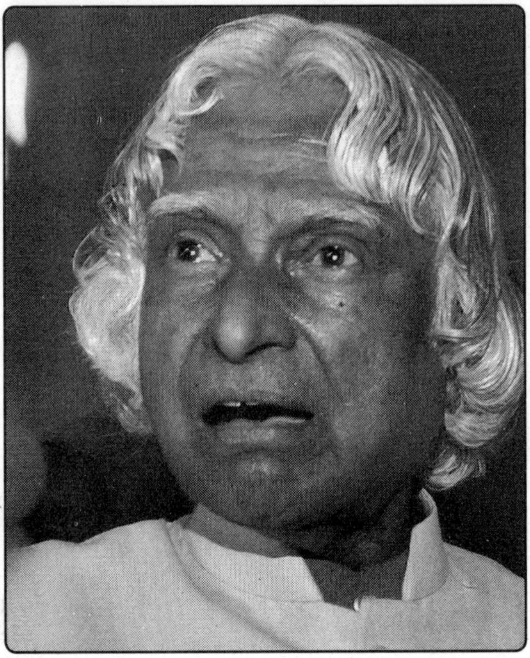

“पर्वत की चढ़ाई में जिंदगी है, चोटी पर नहीं। यह वह जगह है, जहाँ चीजें पनपती हैं, अनुभव मिलते हैं।”

“The sides of the mountain sustain life, not the peak. This is where things grow, experience is gained...”

गिलास आधा भरा देखना

खुशियाँ दरवाजों से चलकर कम ही आती हैं,
खिड़की खुली रखना, ये वहाँ ही खड़ी पाई जाती हैं।

न ये बाजार में नजर आएँगी
न ये सोने के हार में नजर आएँगी,
ढूँढ़ेंगे इन्हें तो बस यों ही
अपनों को दिए गए प्यार में नजर आएँगी।

खुशियाँ दरवाजों से चलकर कम ही आती हैं...

न मंदिरों में रहती हैं
न मसजिदों में रहती हैं,
किसी की मदद के लिए जो उठे हाथ
उस हाथ के साये में ये खड़ी पाई जाती हैं।

खुशियाँ दरवाजों से चलकर कम ही आती हैं...

न कारों में बैठकर आएँगी
न बँगलों में निवास पाएँगी,
माँ-पापा की मान भरी मुसकान में
ये हमेशा मुसकराएँगी।

खुशियाँ दरवाजों से चलकर कम ही आती हैं...

सफलता के उत्साह में जो तू भीग जाएगा,
तू इन्हें छोटे-छोटे लक्ष्यों में भी पाएगा।
दृढ इच्छाशक्ति जो तू रख पाएगा
विफलताओं में भी खुशियों को पाता जाएगा।

खुशियाँ दरवाजों से चलकर कम ही आती हैं,
खिड़की खुली रखना ये वहाँ ही खड़ी पाई जाती हैं।

□

"एक अच्छी किताब सौ अच्छे दोस्तों की तरह होती है, पर एक सच्चा दोस्त पुस्तकालय के बराबर होता है।"

"One good book is equal to hundred good friends but one true friend is equal to a library."

दोस्ती

इतना अमीर कभी मैं बना नहीं
कि दोस्तों को याद करने की फुरसत नहीं,
इतना गरीब मैं कभी था नहीं
कि चार दोस्त मुझे करें कभी याद नहीं।

जो इनके साथ कुछ पल हँसोगे-हँसाओगे
खुद को हमेशा हसीन व तरोताजा पाओगे,
जिंदगी हर वक्त उपलब्धियों में ढूँढ़ नहीं सकते
पा लोगे दो जहान, जब साथ में ठहाके लगाओगे।

कहने को दोस्त कई मिलेंगे, जब चाहोगे
पर अच्छा दोस्त किस्मत से ही पाओगे,
जो मिल जाए उसे रखना होगा सहेजकर
दोस्ती भी थोड़ी कोशिश से ही निभा पाओगे।

वक्त, ध्यान, प्यार और मान
जो ये सब दे दिया थोड़ा-थोड़ा,
कुछ साथ चलेंगे, कुछ छोड़ जाएँगे
पर तुम्हें सकून होगा कि तुमने कुछ न छोड़ा।

जो कभी कोई बात गलत हो जाए
तो साथी वो बात बस बात रहे, दिल तक न जाए,
फिर भी गर कोई किसी राह पर खो जाए
तो दोस्त दोस्त ही रहे, दुश्मन न हो जाए।

उनके जैसे लाखों मिलेंगे
पर वो फिर कभी न मिल पाएँगे,
यह सोचकर सहेज ले हर दोस्त को
जो आज हैं पल तेरे, वे कल फिर न आएँगे।

□

“दुनिया वही है, जो हम अपने विचारों से बनाते हैं।”

“The world we see is the one we have created with our thoughts.”

अवसाद

जब दिल में आने वाले ऐसे वैसे
खयालों को हम डालते हैं खाद,
तब वह होता है, जो नहीं होना चाहिए
जिसे लोग कहते हैं अवसाद।

जो पाया है वो तोहफा है
तो जिंदगी से क्यों तू खफा है?
जिंदगी जो है, वो है
तू क्यों खुद से बेवफा है?

जो तू बैठा रहेगा यों ही उदास
काम न आएगी कोई अरदास,
न बना जो अपने विचारों का मालिक
तो बना रहेगा, यों ही खुद का ही दास।

व्यस्त रहना ही असली उपाय है
खाली दिमाग को ही लगती शैतान की हाय है,
वही सोच जो तेरे लिए सही है
बड़े-बूढ़ों की हमेशा ये राय है।

या तो सपनों से मन बहला के खुश हो जा
जो सोने नहीं देते ये तो फिर इनमें ही गुम हो जा,
फिर मंजिल पर रख अर्जुन-सी नजर
और उन राहों पर ही सोने को तैयार हो जा।

जीवन में बाहरी समस्या असंख्य हैं
हम खुद क्यों बढ़ाते इसमें एक अंक हैं,
अंदरूनी है ये इससे निपटना हमारे हाथ है
अवसाद की ये ही सबसे अच्छी बात है।

□

“सशक्तीकरण अंदर से आता है, इसे ईश्वर
के सिवा कोई और दे नहीं सकता।”

“Empowerment comes from within.
Nobody else can give it, except the Almighty.”

शिकायत श्राप है

जब तक जिंदगी में शिकायतें करते रहोगे,
कुछ भी कर लो, श्रापित से रहोगे।

तकदीर से शिकायत मायूसी लाएगी
जिम्मेदारी से भागना सिखाएगी,
लकीरें कमजोर हों न हों
लाचारी हम पर हावी हो जाएगी।

अपनों से शिकायत अकेला करेगी
जो साथ दे भी रहे हैं उन्हें दूर करेगी,
प्यार से माँगो तो जान दे दें
हमारी शिकायतें उन्हें ही रुसवा करेंगी।

सरकार से शिकायत वक्त की बरबादी है
सही व्यक्ति को वोट देने की हमें आजादी है,
देश का पहला जिम्मेदार नागरिक मैं हूँ
बाकी तो सब आबादी ही आबादी है।

सिस्टम से शिकायत से कुछ नहीं होगा
सिस्टम का आप कमजोर हैं तो कुछ न कर सकेंगे,
सुझाव देकर तरक्की में लग गए
तो ताकतवर होने पर सिस्टम तो बदल सकेंगे।

शिकवे शिकायत कमजोर दिल की निशानी हैं
जो भी, जो है, जो दे, वो उसकी बड़ी मेहरबानी है,
अहसान मैं हर एक का हर वक्त मनाऊँगा
जो न भी मिलना हो, मैंने उसे मुसकरा के पाने की ठानी है।

जब तक जिंदगी में शिकायतें करते रहोगे,
कुछ भी कर लो, श्रापित से रहोगे।

□

“मेरा विश्वास है और यह जरूरी है कि हम सब मन मिलाने के लिए कार्य करें।”

“I believe that it is necessary for all of us to work for unity of minds.”

रेखाएँ जो मिल जाएँ

ताली हमेशा दो ही हाथों से बजती है,
पर यह जरूरी तो नहीं कि वो दोनों हथेली तेरी हों।

दो हाथों की रेखाएँ
जो मिलकर थाप बजाएँ,
तो सुबह किसी की भी
फिर न अँधेरी हो।

ताली हमेशा दो ही हाथों से बजती है,
पर जरूरी तो नहीं कि वो दोनों हथेली तेरी हों।

मिलकर करने में
मुश्किल भले ही हो,
पर देख शुरू करने में
ना कोई देरी हो।

ताली हमेशा दो ही हाथों से बजती है,
पर जरूरी तो नहीं कि वो दोनों हथेली तेरी हों।

अकेला चलता एकांत है
मिलकर चले तो इक का अंत है,
अकेला ना खड़ा हो महफिल में तू
जय-जयकार जब तेरी हो।

ताली हमेशा दो ही हाथों से बजती है,
पर जरूरी तो नहीं कि वो दोनों हथेली तेरी हों।

□

“जब बोलें, सच बोलें; जब कोई वादा करें तो उसे निभाएँ, अपने भरोसे को कायम रखें; जो गलत है, उसे करने से अपने हाथों को रोकें।”

“When you speak, speak the truth; perform when you promise; discharge your trust. Withhold your hands from striking and from taking that is unlawful and bad.”

ईमानदारी जरूरी है

साख से चरित्र ज्यादा अहम है,
चरित्र हमारे बारे में है, और साख लोगों का वहम है।

जो वादे दूसरों से किए जाते हैं
वे दूसरों का भरोसा बिगाड़ते या बनाते हैं,
पर जो वादे खुद से किए जाते हैं
वे हर वक्त हमारा चरित्र बनाते हैं।

सच बोलना आसान काम नहीं है
झूठ के साथ भी तो चलता खय्याम नहीं है,
सच छाएगा, या न छाएगा
पर हर पल हमारा भरोसा जरूर बनाएगा।

गलत करने का मन किसी का भी कर सकता है
हर वक्त कोई पहरेदार हमें नहीं तकता है,
अपने गलत बढ़े हाथ को थाम ले राही
अंत:करण का औजार मुफ्त नहीं मिलता है।

साख से चरित्र ज्यादा अहम है,
चरित्र हमारे बारे में है, और साख लोगों का वहम है।

□

“हमें सदैव मुसकराहट का परिधान धारण करना चाहिए और उसकी सुरक्षा के लिए हमारी आत्मा को गुणों का परिधान धारण करना चाहिए।”

“We must wear the gown of smile and our soul must wear the gown of virtues to protect it.”

हँसी सबसे हसीन है

हँसता चेहरा अच्छा लगता है,
हँसते के साथ सारा जग चलता है।

जो आईने में देख के मुसकराओगे
तो ये और मुसकराहट लाएगा,
पहले अंदाज फिर आदत
फिर व्यक्तित्व बन जाएगा।

हँसता चेहरा, अच्छा लगता है···

हँसमुख स्वभाव एक आदत है
जो अभ्यास से आती है,
खुशी को थोड़ा ज्यादा
और गमों को कम कर जाती है।

हँसता चेहरा अच्छा लगता है···

हँसोगे हँसाओगे तो
दोस्तों को साथ पाओगे,
काटोगे रस्ते हँसते-हँसते और
व्यक्ति तुम खुशमिजाज कहलाओगे।

हँसता चेहरा, अच्छा लगता है···

हँसी इनसान का, सबसे महँगा जेवर है,
जो आत्मा को गुणों का परिधान पहनाने से आती है।

जिसने मुसकराना सीख लिया,
दो जहान की नियामत पा ली है।

हँसता चेहरा, अच्छा लगता है···

हँसी सबसे हसीन है
आत्मविश्वास बढ़ाती है,
लोगों को तो हमारे करीब लाती ही है
खुशी को भी लुभाती है।

हँसता चेहरा अच्छा लगता है···

होंठों से ही नहीं, आँखों से मुसकराना है
इस आदत को व्यवहार में लाना है,
आपके कारण जब किसी और के चेहरे पर मुसकान होगी
आपकी मुसकराहट तब देखना कितनी आसान होगी।

हँसता चेहरा, अच्छा लगता है,
हँसते के साथ सारा जग चलता है।

□

"किसी को हराना बहुत आसान है, पर किसी को जीतना कठिन है।"

"It is very easy to DEFEAT someone, but it's very hard to WIN someone."

रिश्तों की किश्तें

'हम' से अहम जब तेरा अहम हो जाता है
'हम' में से तब 'तू' निकल जाता है,
जहाँ भी जाए खुद को अकेला ही पाता है
अकेलापन तुझे बड़ा सताता है।

अकेले ही आए हैं, अकेले ही जाएँगे
पर बीच में हम ना अकेले रह पाएँगे,
खुद के अलावा जो तू कुछ न देख पाएगा
स्वार्थी व मौकापरस्त, हरदम कहलाएगा।

रिश्तों की नाजुक बड़ी डोर है
छाई व्यस्तता हर ओर है,
जज्बातों का होना ही काफी नहीं है
जो जताओ तो बात ही कुछ और है।

अपनों से आशाएँ अपनापन बढ़ाती हैं
ये ही आशाएँ शिकायतें लाती हैं,
बात करो दिल साफ करो
माफी माँग लो या माफ करो।

किश्तों में रिश्ते जिए नहीं जाते
बेरुखी से रिश्ते निभाए नहीं जाते,
प्यार देने व लेने की कला सीख ले राही
अपने जो खो दिए, वो फिर पाए नहीं जाते।

लौटा जो नहीं, वो कभी मेरा था ही नहीं
सोचकर कब तक दिल को बहलाएगा
रिश्ते जो कभी सींचे नहीं तूने
उनपर फल कहाँ से पाएगा?

कुछ लोगों को जिंदगी में अहम बनाना है
लापरवाही में न उन्हें गँवाना है,
जिंदगी कुछ और नहीं
रिश्तों व अहसासों का ताना-बाना है।

सबको खुश तू कर नहीं सकता है
हमेशा सबके साथ तू चल नहीं सकता है,
शायद वो जो चाहे असंभव हो तेरे लिए करना
पर सबकी भावनाओं का सम्मान तो तू कर ही सकता है।

सम्मान उस शान से आता है
जो तू अपनी खुद बढ़ाता है,
जितना तू देता जाता है
बस उतना ही तू पाता है।

कई बार हम दूसरों के जीवन में
महत्त्व बड़ा बढ़ाते हैं,
पर वे भी महत्त्वपूर्ण हैं हमारे लिए
ये कहना भूल जाते हैं।

देना बड़ा जरूरी है
इसके लिए दिल चाहिए,
पर देने के साथ तू लेता भी जा
रिश्तों में बड़ा संतुलन चाहिए।

रिश्तों की किश्तें नहीं चुकानी होतीं
पर ब्याज जरूर भरना है,
सबकुछ यहीं छोड़कर जाना है
बस यह अपनेपन का अहसास अपना है।

□

"कभी-कभी एक क्लास से गायब होकर, दोस्तों के साथ मस्ती करना अच्छा है, क्योंकि अब जब मैं पीछे मुड़कर देखता हूँ तो नंबर मुझे नहीं हँसाते, पर यादें हँसाती हैं।"

"Sometimes it's better to bunk a class and enjoy with friends, because today when I look back, marks never make me laugh, but memories do..."

बचपना बनाए रखना

बचपना बनाए रखना बचने के लिए,
चाँद तो होता ही है मुट्ठी में कसने के लिए।

वो जो तेरे अंदर का बच्चा है
अक्ल का थोड़ा, कच्चा है
चाँद को वो पा लेगा, जानता है
मजबूरियों को नहीं वो मानता है।

भोलापन यह चाहिए ही छलाँग भरने के लिए,
चाँद तो होता ही है मुट्ठी में कसने के लिए।

उसे रोना जो आता है
माँ से माँग पाता है,
धरती को सर पर उठा लेगा
अंदर से वो जानता है।

भरोसा तो यह होना ही चाहिए, कुछ भी पा सकने के लिए,
चाँद तो होता ही है, मुट्ठी में कसने के लिए।

ना नहीं उसे डराती है
नाक उसकी आड़े नहीं आती है,
जो उसने माँगा है, नहीं मिलेगा
माँ की मार भी यह उसे समझा नहीं पाती है।

हठ बड़ी जरूरी है जहान में डटने के लिए,
चाँद तो होता ही है, मुट्ठी में कसने के लिए।

हँसना उसे आता है
लोट-पोट वो हो जाता है,
जाए जिसका जो जाता है
हर पल को वो जी जाता है।

जिंदादिली जरूरी है बड़ी, जिंदा रहने के लिए,
चाँद तो होता ही है, मुट्ठी में कसने के लिए।

तनाव उसे लेना नहीं आता है
कोई ले, तो उसका कुछ नहीं जाता है,
बचपना यह तू भी बनाए रख, बचने के लिए
चाँद तो होता ही है, मुट्ठी में कसने के लिए।

□

"आप अपना भविष्य नहीं बदल सकते,
पर आप अपनी आदतें बदल सकते हैं,
और ये ही आदतें निश्चित रूप से आपका
भविष्य बदल देंगी।"

"You cannot change your future, but you can change your habits, and surely your same habits will change your future."

अच्छी आदतें

आदतें चरित्र बनाती हैं, चरित्र हमें बनाएँगे,
हम जो बन गए तो कुछ भी कर जाएँगे।

पहली आदत, पहल करो
खुद को सुनो, देखो, महसूस करो,
खुद को उत्साहित तुम्हें बनाना है
वक्त नहीं इंतजार में बिताना है।

एक अच्छी शुरुआत में
अंत पहले लाना होगा,
मकसद क्या है शुरुआत का
रोज-रोज दोहराना होगा।

अच्छी-बुरी हर आदत असर अपना दिखाती है
देर-सबेर अपना काम कर ही जाती है,
क्या ज्यादा जरूरी है, सबसे पहले तय करो
प्राथमिकता जरूरी चीजों को, देने की पहल करो।

मैं जीता तो मैं बड़ा, तू जीता तो तू बड़ा
दोनों जीते तो हम बड़े, सब जीते तो जग खड़ा,
दिन में दिया, भले ही सूरज के आगे होता खड़ा नहीं
रात में इस दीये की लौ से कोई बड़ा नहीं।

समझ-समझ के समझ को समझना ही समझदारी है,
बोलने से पहले सुनने की बारी अब तुम्हारी है।

सुनने को दो कान और बोलने को मिली एक जबान है,
जिसने समझी यह बात, उसने जीता जहान है।

पाँचों अंगुलियाँ अलग हैं, पर मुड़ें तो सब संग हैं
मैं ही मैं हूँ, तू ही तू है, पर बात तो तब है जब हम ही 'हम' हैं,
कंधे-से-कंधे मिलें तो हौसले बढ़ जाते हैं
मिलकर साथ चलें तो रास्ते कट जाते हैं।

काबिलियत कामयाबी लाती है
हुनर से किस्मत चमक जाती है,
पल दो पल विश्राम करो
खुद को तराशने का पहले नेक काम करो।

बदल नहीं सकते हम भविष्य,
यह भले ही है सच्ची बात,
पर जिंदगी, जो बिसात है तो
अच्छी आदत है, शह और मात।

आदतें चरित्र बनाती हैं, चरित्र हमें बनाएँगे,
हम जो बन गए, तो कुछ भी कर जाएँगे

□

"सादी और सदाचारी जिंदगी जीनी चाहिए, क्योंकि ये जब हमारी उम्र बढ़ती है हमें सेहतमंद रहने में भी मदद करती है।"

"Live a simple and pious life as it will help you remain healthy as you grow old."

जी ले जिंदगी

मासूम दिल मासूमियत से जी
ज्यादा समझने की कोशिश न कर,
जिंदगी सीधी सी है सीधी रख
ज्यादा इसमें उलझनें की कोशिश न कर।

सपने जो तेरे हैं उन्हें ही बुन
किसी और के चुनने की कोशिश न कर,
जिन्हें पाए बिना तू मरना नहीं चाहता, उन्हें ही जी
किन्हीं और पर मरने की कोशिश न कर।

काम जो खुश करें तुझे उन्हें ही कर
यों ही कर गुजरने की कोशिश न कर,
जो कर ही रहा है तो पसंद कर उन्हें
अधूरे मन से करने की कोशिश न कर।

हर आगाज का अंजाम होना ही है
इसमें संदेह की गुंजाइश न रख,
वक्त तो आजमाएगा ही तुझे
तू खुद को आजमाने की कोशिश न कर।

कुछ खास बन जाना ही जीवन है
इसमें सिर्फ पाने की कोशिश न कर,
जो 'पाना' तुझे समेट रहा है तो ठीक
'पा' कर बिखर जाने की कोशिश न कर।

जब तक निकले रस तब तक निकाल और पी
जब चली जाएगी तो चली जाएगी, पर जो है तो जी,
कुछ उलझनों को उस ऊपरवाले पर छोड़ दे
सारी खुद ही सुलझाने की कोशिश न कर।

□

प्राप्ति युग

"खुशी आत्म-संतुष्टि से नहीं अर्जित की जाती है, बल्कि किसी जीने लायक मकसद के लिए प्रतिबद्ध होकर और उसमें जुनून मिलाने से जब जिंदगी सार्थक बनती है, तब हमें महानता का तरीका मिलता है।"

"Happiness is not attained through self-gratification but through commitment to a worthy purpose and combined it with passion our life becomes meaningful and then we have a recipe of greatness."

प्राप्ति युग

प्राप्ति समाप्ति नहीं है, प्राप्ति तो शुरुआत है,
पाकर क्या बनते हैं हम, वही असली सौगात है।
जो तुम पाया बाँटने लगोगे, जिंदगी खुशी से काटने लगोगे,
नम्र जब तुम बन जाओगे, संपूर्ण तब ही कहलाओगे।

"मैं इस सृष्टि की सबसे सुंदर कृति हूँ। ईश्वर ने मुझे सीखने और सीखने का आशीर्वाद दिया है, ईश्वर के आशीर्वाद से मैं सफल होकर एक महान् इनसान बनूँगा।"

"I am a beautiful creation of a God. God has blessed me to learn more. With God's blessings, I will succeed and become a great human being."

खुद को बना हर रोज

तू है सबसे बड़ी खोज,
खुद को बना हर रोज।

सपने तुझे हर रोज ही देखने हैं
फिर ये किसी कूड़े के ढेर में नहीं फेंकने है,
कचरे के डब्बे में तू पाया नहीं गया था
व्यर्थ जाने के लिए बनाया नहीं गया था।

काम तुझे रोज ही करना है
करते समय सौ बार नहीं मरना है,
जो तू काम में दिल लगाएगा
छुट्टी तू हर वक्त ही मना पाएगा।

धैर्य तुझे रोज ही रखना है
हलवा ठंडा करके ही चखना है,
जो तू हिम्मत की बीन बजाएगा
नाग तेरा तब ही तेरे वश में आएगा।

जीना भी तुझे हर रोज है
पर मिलता नहीं यहाँ मुफ्त में भोज है,
जैसा तू खुद को बनाएगा
दुनिया को वैसी ही पाएगा।

रोज तू कुछ पाए जा
'पाने' से पार भी तू जाए जा,
जो तू पाया, बाँटने लगेगा
जिंदगी खुशी से काटने लगेगा।

तू है सबसे बड़ी खोज, खुद को बना हर रोज।

□

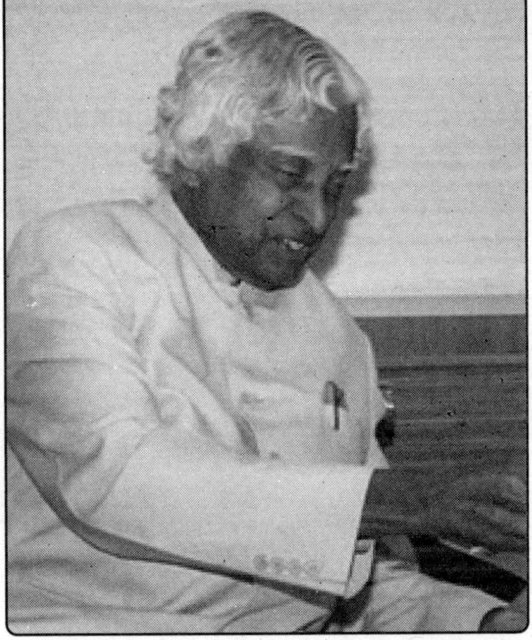

"नम्रता हो तेरी पहचान।"

"Humility should be your address."

नम्रता हो तेरी पहचान

नम्रता से भरा दिल तेरी असली सफलता है,
तेरा किया-दिया तब ही तो फलता है।

जो तू पा गया, उसे नसीब के नाम कर ले
जो पाना बाकी है उसे अगला पड़ाव कर ले,
असीमित संभावना बाकी हैं तुझ में
तू क्यों अभी से अपनी उम्र तमाम कर ले।

जो पाया है, वह ब्रह्मांड ने रचा है
जो बना है तू उसे तेरा चमत्कार कह ले,
जहाँ से तू आया है वो जड़ें हैं तेरी
इस सफर को तू हमेशा याद कर ले।

जो तुझमें सफलता की अकड़ है
समझना असफलता की ही जकड़ है,
रावण को भी कहते 'अक्लमंद' नहीं हैं
घमंड से बड़ा कोई दंड नहीं है।

सफलता एक, तो नम्रता सौ कहलाती है
सफल व्यक्ति हो नम्र, तो शोभा और बढ़ जाती है,
आदर्श तुझे लोग तब ही मानेंगे
जब एक संपूर्ण व्यक्ति के रूप में जानेंगे।

नम्रता से भरा दिल तेरी असली सफलता है,
तेरा बड़ा होना तब ही नहीं किसी को खलता है।

□

"दान उच्चतम और सौम्यतम गुण है;
लेकिन इसे पूर्ण बनाने के लिए इसमें
क्षमा का योग भी होना चाहिए।"

"Giving is the highest and noblest virtue,
but to complete it,
it should be coupled with forgiveness."

महादान

अपने जीवन का एक टुकड़ा
कर्ज उतारने के काम लाना है,
जो नहीं हैं काबिल तुझ जैसे
उन्हीं की मदद करके हिसाब चुकाना है।

दान पुण्य क्यों कहलाता है
इस सवाल-जवाब में तू क्यों जाता है
जो मिला है तुझको, बाँटने से उसको
खुशी मिले तुझको, तो तेरा क्या जाता है?

जो तू किसी को पढ़ाएगा
विद्या दान कर पाएगा,
भूखे को खाना जो खिलाएगा
तेरा पेट मन तक भर जाएगा।

क्षमादान वह महादान है
जो सबसे ज्यादा तेरे ही काम आएगा,
जो क़र दिया नेत्र दान तो
मरणोपरांत भी देख पाएगा।

इस हाथ का दिया, उस हाथ को पता न चले
तू देने लगा है, यह बात तेरे दिल में न पले,
कुछ ले पाया है, तो देने लगा है
दे तो ऐसे दे कि किसी को न खले।

अपने जीवन का एक टुकड़ा
कर्ज उतारने के काम लाना है,
जो नहीं हैं काबिल तुझ जैसे
उन्हीं की मदद करके हिसाब चुकाना है।

□

"जब ईश्वर हमारे साथ है, तो कौन हमारे विरुद्ध हो सकता है।"

"When God is beside us who can be against us."

कलाम की गीता

ओ मेरे मन, ओ मेरे जिया!
तुझे कृष्णा के हवाले किया।

जब वो बंसी बजाएगा
तू प्यार में भीग जाएगा,
वो ही अंगुली जब वह उठाएगा
पूरा पर्वत भी सहज उठ जाएगा।

ओ मेरे मन, ओ मेरे जिया...

वो तेरे माखन में है, जो तू चुराता है
तेरी गायों को भी वो ही चराता है,
मिलने जो तू उससे जाएगा
वो नंगे पैर दौड़ा आएगा।

ओ मेरे मन, ओ मेरे जिया...

वो सबसे बड़ा रचइया है
उसकी तो दो-दो मैया हैं,
तेरी कहानी की जो भी कहानी है
तूने और उसने, मिलकर निभानी है।

ओ मेरे मन, ओ मेरे जिया...

तेरे नाग को वो तुझसे पहले देखेगा
तुझे लगेगा, वो खेल रहा है तुझसे,
पर अच्छे या बुरे बहानों से
तेरे नाग को वो ही वश में भी करेगा।

ओ मेरे मन, ओ मेरे जिया···

तू अर्जुन जो बन जाएगा
तेरा सारथी वो कहलाएंगा,
कर्मों का ज्ञान जो ले लिया तूने
तो फल तो करने के साथ ही पाएगा।

ओ मेरे मन, ओ मेरे जिया···

महान् बनना उसने सिखाया नहीं है
पर कौन है जिसे उसने लुभाया नहीं है,
तेरे निमित्त के करम तू करता जा
उसके सुदर्शन चक्र से बड़ी कोई छाया नहीं है।

ओ मेरे मन, ओ मेरे जिया···

दोस्त, तू भी किसी के हवाले हो जा
चाहे तो रख व्रत, चाहे तू रख रोजा,
सब खुद को पाना ही सिखाते हैं
किसी के भी बहाने बस तू खुद में खो जा।

ओ मेरे मन, ओ मेरे जिया,
तुझे कृष्णा के हवाले किया।

□

"आप किस काम के लिए याद किए जाना चाहते हैं? अपने आप को तैयार कीजिए और अपने जीवन को आकार प्रदान कीजिए। इसे एक पृष्ठ पर लिखिए और मानिए कि यह मानव इतिहास का सबसे महत्त्वपूर्ण पृष्ठ होगा।"

"What would you like to be remembered for? You have to evolve yourself and shape your life. You should write it on a page and that may be a very important page in the book of human history."

अंत सोचना बाकी है

अभी तो चाँदनी देखी है
सूरज का उगना अभी बाकी है,
अभी तो सफलता का 'स' छुआ है
अंत के 'त' तक पहुँचना बाकी है।

आया था तो तू अकेला रोया था
जाते वक्त कितनों को रुलाएगा,
किसे रुलाएगा, कितना रुलाएगा
यह असली गणित तो अभी सारा बाकी है।

अभी तो सफलता का 'स' छुआ है,
अंत के 'त' तक पहुँचना अभी बाकी है।

जब तू आया था, कई हँसे थे
नैनों में सपने कई सजे थे,
आगे जाकर उन्हें जवाब देने का
हौसला होना अभी बाकी है।

अभी तो सफलता का 'स' छुआ है,
अंत के 'त' तक पहुँचना अभी बाकी है।

जब तू जाएगा, किसे याद आएगा
कितनों को कितना याद आएगा,
और किस तरह से, याद आएगा
यह फैसला तो होना अभी बाकी है।

अभी तो सफलता का 'स' छुआ है,
अंत के 'त' तक पहुँचना अभी बाकी है।

जब तू जाएगा, कोई प्रार्थना रखवाएगा
तेरे नाम का कोई गुणगान गाएगा,
किस तरह से उस दिन तू जाना जाएगा
यह तेरा जानना अभी बाकी है।

अभी तो सफलता का 'स' छुआ है,
अंत के 'त' तक पहुँचना अभी बाकी है।

जब तू जाएगा, विदाई में कैसे फूल चाहेगा
कैसी विदाई से तू मुक्त हो पाएगा,
जो याद रखेंगे ख्वाहिशें तेरी
उन सबको यह समझाना अभी बाकी है।

अभी तो सफलता का 'स' छुआ है,
अंत के 'त' तक पहुँचना अभी बाकी है।

जब तू जाएगा, कितने सपने पूरे कर जाएगा
कितने सपने दूसरों को दे जाएगा,
जो मानेगा तेरे अधूरे, सपनों को अपना
अभी तो वो जहान बनाना बाकी है।

अभी तो चाँदनी देखी है
सूरज का उगना अभी बाकी है,
अभी तो सफलता का 'स' छुआ है
अंत के 'त' तक पहुँचना अभी बाकी है।

□

“स्वप्न को प्रोत्साहित कीजिए। इसे अपने विचारों में रहने दीजिए और इसे अपने अंदर लौ के रूप में जलाए रखिए।”

“Nurture a dream, let it live in your thoughts and kindle a fire in your belly.”

शुक्रिया

जो ये सपने देखती हैं, तो इनका क्या दोष है,
ब्रह्मांड में बिखरा, हमारे लिए ही तो यह कोष है।

एक मंजिल, जो मैंने है पा ली
तो अब मुझे, दूसरी पर जाना है,
मेरे जैसे चाहने वालों के लिए ही
बिखरा असीम यह खजाना है।

चंद लम्हों के लिए जश्न मैं मनाऊँगा
पर जिंदगी जश्न है, यह ना भूल जाऊँगा,
आसमाँ पे अपनी नजरें मैं टिकाऊगा
चाँद-तारे अपने लिए तोड़ के मैं लाऊँगा।

सपनों की जो यह ताकत मैं जान गया हूँ
मैं ही हूँ जादू, मैं यह पहचान गया हूँ,
अब यह जादू बार-बार चलाना है
मुझे अब नई मंजिलों के पार जाना है।

इन नैनों का शुक्रिया, जिन्होंने ख्वाब दिखाए
इन ख्वाबों का शुक्रिया, जिन्होंने पंख फैलाए,
हर उस साथ का शुक्रिया, जो लोगों ने निभाए
ऊपर वाले का शुक्रिया, मैं करना नहीं, बन जाना चाहता हूँ।

□

“क्या तुम ईश्वर के बनाए सबसे महानतम इनसान बन सके?”

“Have you become a Great Human created by the Almighty?”

क्या तुम, तुम बन सके

जीवन में हर बार सफल हों जरूरी तो नहीं
पर जीवन सफल हो, यह बड़ा जरूरी है,
हम सबकुछ पा जाएँ, यह जरूरी तो नहीं
पर सब कुछ-न-कुछ पा जाएँ, यह बड़ा जरूरी है।

सफलता ही जीवन है, ऐसा तो नहीं
पर जीवन में सफलता हो, ये बड़ा जरूरी है,
जो भी चाहें, मिल जाए हर वक्त, ऐसा तो नहीं
पर हर वक्त, कुछ-न-कुछ चाहना तो बड़ा जरूरी है।

हम सबकुछ कर गुजरें, ये जरूरी तो नहीं
पर कुछ तो कर गुजरें, यह बड़ा जरूरी है
कोई गलती हमसे न हो, यह जरूरी तो नहीं
पर हम गलत न बन जाएँ, यह बड़ा जरूरी है।

सब हमें पसंद करें, जरूरी तो नहीं
पर हम खुद को पसंद करें, यह बड़ा जरूरी है,
हम सबको पसंद करें, यह जरूरी तो नहीं
पर कुछ लोग हमें बड़े पसंद हों, यह बड़ा जरूरी है।

हमें सबकुछ याद रहे हमेशा, यह जरूरी तो नहीं
पर हम याद रह पाएँ, यह बड़ा जरूरी है,
इनसान बनकर आएँ हर जन्म, यह जरूरी तो नहीं
पर जन्म भर इनसानियत रहे, यह बड़ा जरूरी है।

□

“केवल वह व्यक्ति जो किनारे पर से नजरें हटाने की हिम्मत करता है, नए-नए समुंदर खोज पाता है।”

“Only the person who has the courage to lose sight of the shore can discover new oceans.”

ऊँचे सपने

जो आसमाँ में हिंदुस्तान की
सीमा को असीम बनाना चाहता था,
वही मानव की असीमित संभावनाओं का
मानव से परिचय कराना चाहता था।

वो जो वायुयान उड़ता देखकर
विचारों की उड़ान भरता था,
आकाश-भेदी हिंदुस्तानी विमान
तब उसके सपनों में बनता था,

देखो हम कर सकते हैं, हम भी कर सकते हैं
यह दुनिया को दिखाना चाहता था,
लक्ष्य के प्रति समर्पित होकर
हर मंजिल को पाना चाहता था।

सिखा गए कि आसमाँ भेदने की चाहत हो
तो मिसाइल बन ही जाती हैं,
शिखर पर जाने की चाहत हो
तो चोटियाँ झुक ही जाती हैं।

आज वो ही अपनी माँ की गोद में
सिर रखकर सो गया है
जिसका चयन नहीं हुआ था वायुसेना में
आज 'मिसाइल मैन' हो गया है।

□

"अच्छा नागरिक बनना बड़ा जरूरी है।"

"It is our utmost duty to become Greatest Citizens of our Country."

कलाम को सलाम

देश का माहौल बता रहा है कि
जात–पाँत कोई मायने नहीं रखती है,
सजदा कर रहा है सारा हिंदुस्तान
उनके लिए, जिनमें इनसानियत बसती है।

ये प्यार कोई कुरसी नहीं पा रही है
ये मान ताकत को नहीं मिल रहा है,
ये दिल यों ही नहीं पसीजे हैं
न ही दिलों में हिंदू–मुसलमान पल रहा है।

देश का पहला नागरिक बनने से भी
अच्छा नागरिक बनना ज्यादा जरूरी है,
यह सिर्फ वो ही सिखा सकता है, जिसने
बिना मजबूरी के नापी ये दूरी है?

यथार्थ थोड़ा अहम है, पर सपना न कोई वहम है
अखबार बेचनेवाला वह काम कर गया है,
कि उसके जाने से सिर्फ आँखें ही नम नहीं हैं
देश का हर अखबार उसके नाम से भर गया है।

□

“कोई देश उतना ही अच्छा होता है, जितने कि अच्छे उसके नागरिक हैं। उनकी प्रकृति, उनके मूल्य और उनके लक्षण देश के स्वरूप में झलकते हैं।”

“Any country is as good as its citizens; their ethos, their values and their characters will be reflected in country's make up.”

आखिरी अरदास

सुपुर्दे-ए-खाक हम सब हो ही जाएँगे।

चिता के ऊपर या दो गज जमीन के नीचे
आज नहीं तो कल, खो ही जाएँगे,
आओ पा लें खुद को, खोने से पहले
हम रहें न रहें, निशान हमारे रह ही जाएँगे।

हम भी कुछ ऐसा करें कि जब आखरी बार चलें
तो देश के सारे रास्ते हमारे साथ चलें,
और सपने जो चाहे हमने, जी जान से
वो हमारे बाद भी लाखों के दिलों में पलें।

कुछ करें कि जीवन सार्थक बन जाए
दूध का कर्ज कुछ तो उतर जाए,
देश की शान कुछ ऐसी ऊँची करें, कि
तन पर ना सही आत्मा पर तिरंगा लिपट जाए।

□

“अरब लोगों के देश के नागरिकों को
अरब लोगों के देश के नागरिक की
तरह ही सोचना चाहिए।”

“We must think and act like a nation of a billion people and not like that of a million people.”

शपथ

यह फूल डाली से बिछड़ गया
यह बाग पूरा उजड़ गया,
ये पौधे सारे मुरझाए से हैं
अर्जुन के पेड़ सिर झुकाए से हैं।

उनके बच्चे (देशवासी) व्याकुल हैं
बातें उनकी जानने को आतुर हैं,
वो घास इंतजार में खड़ी है
सारे देश के लिए यह दुख की घड़ी है।

आज पता चला है त्याग उन्होंने क्या किया है
किसी अखबार ने नहीं लिखा है कि
वह ममतामयी इनसान जाते समय
अपने पीछे किन परिजनों को छोड़ गया है।

कोई लिख भी कैसे सकता है
अरब लोगों को, अरब लोगों के देश,
जैसा, सोचने की सलाह देनेवाला
अरबों को पीछे छोड़ गया है।

साथ में छोड़ गए हैं, पाठ अपने बहुमूल्य
दे गए हैं देश को विकसित करने का सपना अमूल्य,
विरासत हमें ही वो अपनी मानते हैं
करेंगे नाम उनका हम रोशन, यह जानते हैं।

उनके इस सपने की हम ही अब धुरी हैं
हम ही इस अंतरिक्ष की पास आती हर दूरी हैं
अपने आसमाँ को हमें भी भेद के दिखाना है
खुद को सफल बनाकर देश को समृद्ध बनाना है।

□

“अब आप किसी सितारे की चाहत करते हैं तो कोई फर्क नहीं पड़ता है कि आप कौन हैं। जो भी आपका दिल चाहे, आप पा सकते हैं।”

“When you wish upon a star, makes no difference who you are, anything your Heart desires, will come to you.”

“जब लोग कहें कि ये असंभव है, तो उनपर विश्वास मत कीजिए। असंभव कुछ भी नहीं है।”

“When people say something is impossible don't believe them. Nothing is impossible.”

“कुछ बड़ा होने का इंतजार मत कीजिए,
जहाँ भी आप हैं, जो भी आपके पास है,
उससे शुरू कीजिए।”

“Do not wait for something big to happen; Start where you are with whatever you have”

“किसी गलत काम को करने का
कोई सही तरीका नहीं हो सकता।”

“There is no right way to do a wrong thing ”

तू भी 'कमाल' कहलाएगा

देश को आजाद कराने, हर बार कोई लाठी लेकर नहीं आएगा,
देश को आर्थिक आजादी देनेवाला भी, क्रांतिकारी कहलाएगा।

'मेरा रंग दे बसंती चोला', ये देश फिर से गुनगुनाएगा,
सपनों पर सूली चढ़नेवाला भी भगत सिंह कहलाएगा।

'मेक इन इंडिया' का सपना भी, तभी साकार हो पाएगा,
जब हर हिंदुस्तानी, सबसे पहले खुद को बना पाएगा।

देश को विकसित कराने, अब देश 'कलाम' कहाँ से लाएगा
जो जी लिया तूने उनका ये सपना, तो तू भी 'कमाल' कहलाएगा।

□

एक पितामह ऐसे भी

भीष्म पितामह को मैंने नहीं देखा
पर अर्जुन बन जाना चाहती हूँ,
जर्रे-जर्रे से प्यार किया पिता की तरह जिन्होंने
देश का 'पितामह' उन्हें कहलवाना चाहती हूँ।

छोटी सी जिंदगी में, क्या नहीं किया जा सकता
यह बड़ी सी बात, सबको समझाते थे वो,
कलामजी को सलाम तो हम सब करते हैं
'कलाम का कमाल' हम कहलाएँ कुछ ऐसा चाहती हूँ।

सफलता की जिस तैयारी पर, हमें वो तैयार करते थे
आज वो ही तैयारी, कहीं न रह जाए अधूरी,
सच्चे मन से उनके पाठ आप तक पहुँचाकर
तमन्नाएँ उनकी पूरी कर जाना चाहती हूँ।

□□□

संदर्भ सूची

वेबसाइट्स

abdulkalam.com
abdulkalam.nic.in
facebook.com/Presidentkalam
ysrajan.com
nif.org.in
presidentofindia.nic.in
officialkalam.com
thefamouspeople.com
wbut.ac.in
isro.gov.in
twitter.com/officialkalam
drdo.gov.in
abdulkalam.blogspot.com
flipkart.com
amazon.in
successstory.com
inspire99.com
quotescounty.com
smilepls.com
quotesdna.com
worldquotes.in
goodreads.com
kostalife.com

डॉ. कलाम द्वारा लिखित पुस्तकें

Wings of Fire
Ignited Minds
Target 3 Billion
My Journey
Beyond 2020
Inspiring Thoughts
Reignited
Guiding Souls
Children Ask Kalam
You Are Born To Blossom
Songs of Life
खुशहाल व समृद्ध विश्व
जाग्रत भारत श्रेष्ठ भारत
वैज्ञानिक भारत
हम होंगे कामयाब
भारत भाग्य विधाता
जीवन वृक्ष
मिशन इंडिया
अग्नि की उड़ान
आओ बच्चो! आविष्कारक बनें
तेजस्वी मन
सुखी परिवार समृद्ध राष्ट्र
विजयी भव